소년 의병
김진우

09 꿈꾸는 돌고래

소년 의병 김진우

글 윤정선 | 그림 김도아

웃는돌고래

김진우 약력

김진우(1883년~1950년)는 열두 살에 의병이 되었다. 의병장 유인석을 따라 항일운동을 시작해 만주와 연해주를 누볐다. 의암의 의병 활동이 실패로 돌아간 뒤 국내로 들어왔다가 1919년에 상해임시정부로 떠나 의원 활동을 했다. 1921년, 신의주를 통해 들어오다 일본 경찰에 붙잡혀 옥고를 치렀으며 출옥 후 묵죽에 전념했다. 옥에 있는 동안 가마니를 뜯어 붓을 만들어 그림을 그렸다는 일화가 전한다.

6·25가 발발했고, 김진우는 서울을 떠나지 않고 남아 있다가 9·28수복 후 '미도강파'로 분류되었다. 부역자 심사를 위해 서대문형무소에 수감되어 있던 1950년 12월 24일, 옥에서 사망했다.

왼쪽 그림은 김진우가 51세에 그린 묵죽화다. 반듯한 줄기, 곧게 뻗은 대, 칼 같은 댓잎 들이 일제를 향한 저항 의지를 잘 담고 있다고 평해진다.

차례

프롤로그 8

푸른 바람의 기억 14
장터에서 만난 각설이 아저씨 32
아무도 배고프지 않고 모두가 행복한 세상으로 51
한 사람 한 사람이 모이면 66
소년, 의병이 되다 76

사람과 사람을 이어주는 대나무 피리 94

만주로 가는 길 96

벗에게 보내는 편지 113

에필로그 152

작가의 말 - 우리 마음 가까이의 대나무 숲 155

프롤로그

　여남은 평 되는 작은 전시장에는 온통 검은 먹의 묵죽화뿐이다. 막힘없이 곧게 뻗은 줄기와 칼날처럼 서늘한 댓잎들의 대나무 그림. 묵죽화가 김진우는 한 시간 전부터 의식을 치르는 것처럼, 자신이 그린 그림 하나하나에 조용히 점을 찍듯 멈춰 섰다 지나가기를 반복하고 있다. 마치 그림이 살아 있는 사람이라도 되는 양 대화를 나누는 것 같다.
　그런데 유독 그림 한 점 앞에 오랫동안 멈춰 서 있다. 높이 치솟은 대나무 줄기가 칼처럼 돋아난 그림인데, 다른 그림보다 더 날카롭게 벼려진 대나무 줄기는 살아 있는 것처럼 꿈틀댔다.
　그림을 김진우는 뚫어져라 바라보았다. 아니, 김진우가

8　소년 의병 김진우

지금 보고 있는 것은 그림이 아니다. 그림 너머 황해도의 서흥 감옥이었다. 창살 친 봉창 너머로 하얀 눈이 소복소복 흩날리는 줄도 모르고 냉기 흐르는 바닥에 피투성이가 된 채 누워 있는 한 남자를 보고 있었다.

'일어나! 빨리!'

다급히 말을 건네지만 남자는 일어날 줄을 모른다. 정신을 잃은 걸까? 죽은 걸까? 힘없이 풀어진 남자의 눈에 들어온 것은 쇠창살도, 그림자처럼 옥죄는 차가운 벽도 아니다. 그것은 바로 고향의 대나무 숲이었다. 어린 시절 친구와 뛰어놀던 대숲, 엄마 품처럼 늘 따스하게 안아 주던 대나무 숲 말이다. 바람에 서걱서걱 댓잎이 흔들리는 소리가 귓가에 스미자 남자의 눈에 눈물이 맺혔다.

독립운동을 한 대가로 3년 형을 언도받고 감옥에 붙잡혀온 뒤 대나무 숲을 떠올리지 않는 날이 없었다. 신기하게도 고향의 대숲만 떠올리면 남자는 알 수 없는 힘을 느꼈다. 모진 고문에도, 어둠 속 반짝이는 빛처럼 대숲이 남자를 위로하며 말을 걸어 주었기 때문이다.

댓바람 소리가 남자를 흔드는 날이면 자리 밥을 뜯어 열심히 짚 붓을 만들고, 해진 종이 쪼가리라도 있으면 대나무만 그렸다. 그러면 그 작은 종이 속 대나무가 '살아 내라, 살아 내라' 소리치는 것 같았다.

이상하게도 그림을 그리면 그릴수록 남자의 눈은 점점 더 빛이 났다. 처음에는 경계하며 호기심으로 바라보기만 했던 간수들도 남자의 그림 앞에서 찬사를 터뜨리며 떠날 줄을 몰랐다.

"아니, 대나무를 보지도 않고 어떻게 이렇게 잘 그리오?"

남자의 그림에 매료된 한 일본인 간수는 찐 감자를 몰래 전해 주기도 했다.

"집에서 가져온 거요. 죽만 먹으면 힘들 테니……. 그림 그리기도 힘들 것 아니오."

숨죽인 목소리로 감자를 전해 주고 어둠 속으로 사라진 간수의 손이 따스했다. 일 년 전 처음 이곳에 왔을 때만 해도 남자를 낯선 눈빛으로만 바라보던 간수였다. 매끼를 죽으로 겨우 때우는 감옥에서 감자는, 그것도 포실하게 찐 감자는 그 자체로 고향을 떠올리기에 충분했다.

감자 껍질을 얇게 벗겨 내고 온기가 채 식지 않은 감자를 입 안으로 우겨넣자, 어린 시절 엄마가 한 솥 가득 쪄 주던 감자 생각이 났다. 남자는 목이 메어 왔다. 고향이 너무나 먼 곳에 있는 듯, 아득해서 눈물이 쉼 없이 흘러나왔다.

사흘 뒤 또 다른 간수가 창살 틈으로 뭔가를 툭 던져 놓더니 말없이 가 버렸다. 끝이 너덜하게 해진 종이 뭉치였다. 남자는 당혹스러웠다. 감옥에서 그림 그리는 걸 훼방 놓지 않는 것만으로도 내심 간수들에게 고마웠는데, 종이 뭉치를 준 사람이 평소 군인처럼 늘 엄격했던, 대나무 그림에 대해 그 어떤 칭찬이나 말도 꺼내지 않았던 간수였기 때문이다.

그 순간, 피투성이로 누워 있던 감옥의 남자가 화가 김진우를 정면으로 바라보며 더듬더듬 말을 하기 시작했다.

"오늘 경성에서 그림 전시회도 연 자네가 참으로 자랑스럽군. 조선은 아직도 일본으로부터 독립하지 못했지만 여전히 자네는 독립군의 길을 걸어가고 있으니 참으로 다행이야. 포기하지 말고 계속 걸어가게나! 감옥에서의 고통을 부디 잊지 말고. 모진 고문으로 자네 몸에 새겨져 있는 그 고통 말일세. 그 고통이 자네를 다시 일으켜 세워 줄 테니 다시 힘을 내서 걸어가게나!"

감옥의 차가운 바닥에서 몸을 떨며 그림을 그릴 때만

해도 경성에서 전시회를 열게 될 줄은 생각지도 못했다. 어느새 전시장은 밀려오는 관람객들로 북적였다. 자신의 그림을 보러 온 사람들을 바라보는 묵죽화가 김진우의 얼굴, 거친 주름 사이로 지난 시간의 기억들이 촘촘히 빛을 발했다.

그때 연보랏빛 양산을 든 엄마를 졸졸 따라다니던 아홉 살 남자아이가 그림 앞에 멈춰 섰다. 조금 전 김진우가 뚫어져라 바라보던 바로 그 그림이다.

"이 그림이 마음에 드나 보구나?"

아이 곁에 다가가 넌지시 말을 건네자 아이가 고개를 갸웃거리며 말한다.

"네, 대나무가 꼭 살아 있는 것 같거든요. 살아서 막 꿈틀대는 것 같아요!"

순간, 그의 머릿속에 낯익은 목소리가 떠오른다.

"진우야! 네가 그린 대나무 그림이 꼭 살아서 꿈틀대는 것 같아!"

그 목소리가 머릿속에서 울려 퍼지자 꿈틀거리는 대나무 줄기 속으로 오롯이 길 하나가 나타난다. 그리고 그 길

끝에서 푸른 대나무 숲이 펼쳐진다. 숲 한구석에 웅크린 두 소년이 보인다! 두 소년이 내려다보는 땅바닥에 대나무 그림이 보인다. 뾰족이 솟은 댓잎이 춤을 추는 것 같은 대나무! 어린 시절 흙바닥에 나뭇가지로 김진우가 그렸던 대나무 그림이!

두 소년을 바라보는 묵죽화가 김진우의 눈이 흐려졌다. 전시장 안 대나무 그림들은 어느새 어린 시절 그때 그 한낮의 시간처럼 춤을 추고 있었다.

푸른 바람의 기억

"진우야! 네가 그린 대나무 그림이 꼭 살아서 꿈틀대는 것 같아."

진우가 나뭇가지로 땅바닥에 그린 대나무를 영석은 뚫어져라 바라보았다. 영석이가 던진 말 때문일까? 대나무의 뾰족한 댓잎이 진우 눈에도 순간, 살아 꿈틀대는 것처럼 보였다.

하지만 눈을 한 번 깜빡이자 대나무는 그냥 땅바닥에 그려진 흙 그림으로 돌아갔다. 진우는 왠지 머쓱해져서 한 발로 비질하듯 땅바닥 그림을 쓱 지워 버렸다. 그러자 춤을 추는 것 같았던 댓잎도, 대나무 줄기도 흙먼지를 풀풀 날리며 사라졌다.

"야! 왜 지워?"

"어차피 지워질 건데 뭐! 우리, 마을에 내려가서 죽마놀이나 하자!"

"그래. 심판인 내가 빠질 수 없지!"

영석이가 먼저 일어나 걸어갔다. 절뚝거리며 앞서 걸어가는 영석이의 뒷모습을 바라보는 진우 얼굴에 엷은 미소가 번진다. 처음부터 영석이가 동네 아이들 죽마놀이에 끼어서 놀았던 것은 아니다. 일 년 전만 해도 멀찍이서 아이들이 어울려 노는 것을 바라만 보고 있었다. 그러던 어느 날 진우가 죽마놀이 심판이 필요하다고 아이들을 설득하기 시작했다.

"죽마놀이에 심판이 왜 필요해? 누가 결승점에 먼저 들어갔는지 다 보이는데?"

아니나 다를까. 정묵이 볼멘소리를 했다. 영석이가 나타나기만 하면 '절름발이'라며 놀려 댔던 정묵이었다. 영석이가 놀이에 끼는 것 자체가 마뜩치 않았기 때문이다. 하지만 매섭게 부릅뜬 진우의 눈을 이기기는 힘들었다.

"지난번에 네가 성근이보다 늦게 들어갔는데도 먼저 결승점에 도착했다고 우겼던 거 기억 안 나? 꼭 집에 안 가려는 석호네 황소처럼 어깃장을 부렸잖아!"

푸른 바람의 기억 15

마을 아이들이 웃음을 터뜨렸다. 집에 안 가려고 고집 부리기로 유명한 석호네 황소와 우기기 대장인 정묵이가 꼭 닮아서다. 정묵이 얼굴이 동구 밖 감나무에 걸린 홍시처럼 빨개졌다. 스스로 생각해도 치졸한 짓이 분명했다. 진우가 영석이를 큰소리로 불렀다.

"영석아! 네 자리는 저기야! 저기 앉아서 심판 보면 돼, 알았지?"

진우가 일러 준 너럭바위에 영석이가 털썩 주저앉았다. 진우 덕분에 죽마놀이 심판이 된 이후부터 마을 아이들은 그전처럼 함부로 영석이를 놀리거나 괴롭히지 않았다. 진우가 있어서 영석이는 든든했다.

영석이가 마을에서 안 보이면 진우는 대숲을 찾아갔고, 진우가 안 보이면 영석이도 대숲을 찾아갔다. 어느새 대숲은 진우와 영석에게 약속하지 않아도 만날 수 있는 둘만의 장소가 되어 갔다.

처음 진우가 대숲에 간 것은 할아버지 때문이다. 할아버지 어깨 너머로 틈틈이 짚신 만드는 걸 보다가 혼자 짚신을 만들 만큼 진우는 손재주가 좋았다. 이웃에 사는 효연이 어머니가 진우에게 장에 나가 사람들에게 짚신을 팔라고 할 정도였으니 말이다. 진우가 마당에서 짚 두 줄로 꼬아 만든 씨줄을 한 줄씩 엮기 시작하면 어느새 이웃 사람들이 진우네 마당에 옹기종기 둘러앉아 구경을 했다.

"진우는 누굴 닮아서 이렇게 손재주가 좋누?"

"진우 할아버지가 유달리 눈썰미도 있고 손재주도 좋으셨잖아요, 기억 안 나요?"

효연이 부모가 말한 것처럼, 진우가 할아버지의 손재주를 물려받은 것은 틀림없어 보였다. 할아버지는 대나무로 목침이며 소쿠리를 뚝딱 만들어 내곤 했으니까.

"오늘 대나무는 속이 야무진 게 갈피갈피 쓸 수 있겠구나! 대나무는 보면 볼수록 대단하단 말이야! 풀도 나무도 아닌 것이 단단하면서도 가볍고 물기에 강한 것이 참으로 신묘막측한 것이 대나무가 아니더냐!"

할아버지 손에만 들어가면 금세 그 모양을 바꾸는 대나무가 진우는 참 신기했다. 굵기에 따라 다양한 물건으로 변신하는 할아버지의 대나무를 보고 있으면 마술처럼 느껴졌다.

"이게 다, 대나무가 단단하면서도 가벼운 덕분이지."

"그래도 할아버지가 만든 거잖아요. 대나무가 처음부터 목침이 되고 싶었겠어요?"

진우의 말에 마루에 앉아 있던 가족들이 웃음보를 터트렸다.

"그렇긴 하다만, 이렇게 만지다 보면 꼭 대나무가 원하는 모습을 내가 따라가는 기분이 든다니까."

얇게 쪼갠 대쪽으로 목침이나 고비*를 만들 때면 통대나무와는 다르게 대쪽이 잘 휘어져서 좋다고 했다. 그에 비해 둥근 통대나무는 또 둥근 대로 그 쓰임새가 따로 있다는 거였다.

속이 빈 둥근 통대를 할아버지가 집에 갖고 온 날에는 진우에게 화살 통이 생기는 날이었다. 뭐든 손으로 만지작거리며 노는 것을 좋아하는 진우에게 할아버지가 만들어 준 화살 통은 화살 대신 잡동사니를 넣어 둔 비밀스러운 보물창고였다.

길을 걷다 주운 동글동글 하얀 돌멩이와 나뭇잎을 대나무 화살 통에 담아 두었다가 밤에 잠들기 전 꺼내 보

---

*고비 : 편지나 문서를 꽂아 두기 위해 벽에 걸어 두는 보관함.

면 마치 다른 시간 속으로 들어가는 기분이 들었다. 진우는 돌멩이와 마른 나뭇잎을 만지며 낮에 있었던 일을 떠올리곤 했다. 돌멩이와 나뭇잎은 낮에 있었던 빛을 고스란히 전해 주었다. 특히 매끈매끈한 돌멩이의 감촉이 참 좋았다. 마음을 따스하게 만져 주는 것만 같아서.

"자, 봐라! 속이 빈 통대나무는 둥근 모양을 이용하여 화살 통으로 다시 태어난 거란다."

대숲에 혼자 앉아 있을 때면 오래전 할아버지가 해 준 말이 툭툭 진우의 마음을 두드리는 것 같았다. 삼 년 전 세상을 떠난 할아버지 얼굴을 떠올리기만 해도 명치끝이 묵직해지면서 따스해졌다. 속이 빈 통대나무의 둥근 모양이 진우 눈앞에 어른거렸다. 눈을 감고 대나무 숲에 부는 바람 소리를 들으면 어디선가 불어오는 바람으로 온 몸이 초록빛으로 물들어 가는 것 같기도 했다.

대숲에서 영석이와 비석치기 놀이를 할 때도 비슷한 기분이 들었다. 비석을 다 쓰러뜨릴 때 특히! 작은 돌을 비석처럼 세우면서 진우는 비석을 일본 군인이나 관리로 생각하곤 했는데 그럴 때는 꼭 백전백승이었다. 하루가 멀다 하고 마을을 찾아와 이자 물어내고 밀린 세포[*]를 내라고

20 소년 의병 김진우

마을 사람들을 괴롭히는 배불뚝이 관리를 떠올리면, 비석을 모두 맞춰 쓰러뜨릴 수 있는 힘이 저도 모르게 솟아나는 것 같았다.

엊그제도 마을에 와서 세포 더 내라고 마을 사람들을 다그치고 간 관리를 진우는 떠올렸다.

"나으리, 지난해도 흉작이었는데 형편을 뻔히 아시잖습니까. 제발 좀 봐주세요!"

세포를 내지 못해 논밭을 빼앗길지도 모를 두려움에 마을 사람들은 관리가 나타나기만 하면 안색부터 변했다. 하지만 관리들은 집요했다. 가난한 사람들을 다그치며 협박하는 관리들은, 충주성에서 마치 제 나라인 양, 뻔뻔하게 터를 잡고 있는 일본군과 별반 달라 보이지 않았다.

"자, 오늘은 저 비석이 일본 군인이다!"

어제는 관리였다, 오늘은 일본 군인이 돼 버린 비석을 노려보는 신우의 눈에 금방이라도 비석을 쓰러뜨릴 것 같은 분노가 일렁였다. 이웃 마을 아이들과 개울물을 사이

---

*세포 : 나라에 세금 대신 내던 베나 무명, 비단 따위 천을 가리킨다. 세금 대신 내는 쌀은 세미라 했다.

에 두고 석전놀이*를 할 때도 진우에게서 이런 눈빛을 보았다. 선두에서 아이들을 이끌던 진우가 소리쳤던 게 영석이는 기억이 났다.

"쟤네들을 일본군이라고 생각하고 돌을 던지는 거야! 자, 내가 하나, 둘, 셋 외치면 동시에 던져! 알았지?"

옆에서 그런 진우를 바라보는 영석이 마음이 선뜩해졌다. 왠지 진우가 다른 아이처럼 느껴졌기 때문이다. 땅바닥에 대나무 그림 그리기를 좋아하는, 다정한 친구가 아닌, 조금은 낯선 아이로 느껴졌다.

진우와 영석이가 처음부터 친했던 것은 아니다. 몇 해 전 어느 날, 영석이가 저녁이 되도록 집에 돌아오지 않자 영석이 어머니가 영석이를 찾아다니던 그날부터였다.

"아니, 집에 왜 안 돌아오는 거지? 너희들, 우리 영석이 못 봤니?"

영석이 어머니는 낯빛이 하얘져서 돌아다녔다. 집집마다 아이들에게 영석이를 봤냐고 물어보며 저녁 내내 마을을

---

*석전놀이 : 대보름에 돌팔매질로 승부를 겨루는 놀이. 고구려 때 시작되어 조선에까지 이르렀다.

헤집고 돌아다녔다. 아이들은 아무 말도 할 수가 없었다. 그날 낮에 영석이를 독 안에 든 쥐처럼 몰아넣고 놀렸던 일을 차마 말할 수 없었던 것이다.

"영석이 어머니! 저도 영석이가 있을 만한 곳을 한번 찾아볼게요!"

"고맙구나! 진우야!"

진우의 발걸음은 성황당을 지나 대숲으로 향했다. 대숲에 들기 전, 성황당에 돌 세 개를 얹고 세 번 절하는 것도 잊지 않았다. 깜빡 잊고 그냥 지나갈 때도 있었지만, 오늘은 영석이를 찾아야 하니까.

대숲에 가자 휘휘 부는 초저녁 댓바람에 대나무들이 마치 춤을 추는 것처럼 흔들렸다. 대숲에만 오면 마치 딴 세상에 온 것 같은 기분이 드는데, 영석이가 사라진 그날은 특히 그랬다. 해가 이울기 시작하자, 댓잎을 더 세게 흔들며 어둠 속에서 댓바람이 수런거렸다.

"영석아!"

영석이는 높게 뻗은 대나무들 사이에 웅크린 채 앉아 있었다. 그런 영석이가 꼭 작은 돌멩이 같다고 느꼈다. 영석이는 진우가 불러도 멍하니 앞만 바라보고 있었다.

푸른 바람의 기억 23

"이곳에 오면 내가 보이지 않아서 참 좋아. 마을 아이들은 이곳에 잘 오지도 않으니까."

영석이에게 대나무 숲은 자신을 숨겨 주는 곳이었다. 대숲에 있으면 절뚝거리는 자신의 모습이 사라져서, 아무도 자신을 찾아내지 못할 것 같아서 좋았다. 그래서 대숲에 온종일 혼자 앉아 있다가 마을길을 에둘러 집으로 가기도 했다.

그런 영석이가 진우는 안쓰러웠다. 몸이 약하고 다리를 절뚝거린다는 이유로 마을에서 따돌림을 받는 영석이. 진우에게 영석이는 목에 걸린 작은 가시 같은 아이였다. 신경 쓰고 싶지 않지만 어쩔 수 없이 신경이 쓰였다.

사실, 진우도 화가 많이 나는 날에는 혼자 대숲에 오는 걸, 그날 영석이에게 말하고 싶었다. 대숲에서 한바탕 크게 소리를 지르고 앉아 있다 보면 속상한 마음이 금세 풀린다고, 말해 주고 싶었다.

진우와 친해지고 나서 한참 뒤에야 영석이는 진우에게 말했다.

"나, 사실 네가 대숲에 혼자 있는 거 본 적 있어."

오래전 어느 날, 여느 때처럼 대숲에 혼자 앉아 있는데 누군가 몰아쉬는 숨소리가 들려왔다고, 댓잎 사이로 바라보니 진우, 너였다고. 마을에서 늘 대장 노릇을 하던 진우, 그런 진우가 혼자 터벅터벅 걸어오더니 대숲 한구석에 주저앉아 울고 있는 모습은 참 낯설었다. 그래서 진우 앞에 선뜻 나갈 수가 없었다. 진우가 당황스러워할 것 같아서. 대신 영석이는 속으로, 아니 작은 목소리로 말했다.

"영석아, 울지 마."

그런데 신기하게도, 그 말을 진우가 알아듣기라도 한 것처럼, 소매로 눈물을 훔치고는 잠잠해지더란다. 시간이 흐를수록 얼굴이 점점 더 말개지더란다. 영석이가 생쥐 발자국만큼이나 작게 중얼거렸는데 말이다.

대숲에 앉아 있으면 마음이 편해지는 것이, 나만 그런 게 아니었구나. 영석이는 그런 진우에게 왠지 모를 친근감을 느꼈다. 늘 밝고 씩씩하게 돌아다니는 진우여서 더욱 그런 생각이 들었는지도 모르겠다.

그렇게 진우와 영석은 대나무 숲 덕에 친구가 되었다. 몇 해 전 억울하게 죽은 마을 사람이 대나무 숲에서 귀신이 되어 나타났다는 소문이 떠돌고 난 후부터는 더욱 더!

대숲은 진우와 영석이에게 비밀스러운 둘만의 장소가 되어 갔다. 귀신 소문이 돌면서 마을 사람들은 대숲에 거의 찾아오지 않았기 때문이다.

"그런데 넌 여기 혼자 오는 거 무섭지 않았어?"

"괜찮아. 성황당에 들러 돌 세 개 쌓고 침 세 번 뱉고 왔거든."

진우가 피식 웃으며 대답했다. 생각해 보니 영석이가 혼

자 울던 진우를 대숲에서 보았던 날은 효연네가 떠날지도 모른다는 이야기를 들은 날이었다. 효연이는 진우가 아주 어렸을 때부터 바로 이웃집에 살았던 여자 친구다. 웃으면 눈이 반달이 되는 아이, 엄마에게 혼나서 마음이 뾰로통한 날에도 효연이 눈만 보면 마음이 사르르 눈 녹듯이 풀렸다. 그런 효연이가 진우는 참 좋았다.

그런데 점점 자랄수록 진우만 보면 효연이는 왠지 새침해져서 눈길을 돌리곤 했다. 언젠가 우물가에서 물독을 머리에 인 채 걸어오는 효연이를 보고 진우가 다가가 물독을 들어 주려고 하자 화를 내며 쏘아붙인 적도 있었다.

"괜찮대도! 저리 가!"

효연이 아버지가 술에 취해 집에 돌아오는 날에도 효연이는 화가 난 것처럼 보였다. 우당탕 뭔가 부서지는 소리가 나고 효연이 엄마가 우는 소리가 사립문 밖으로 구슬프게 새나오던 밤이었을까? 물 마시러 마당을 가로질러 부엌으로 가던 진우는 담장 너머 자기 방에서 나오던 효연이와 그만 눈이 딱 마주쳤다. 그 순간, 당황스러운 얼굴로 허겁지겁 방으로 다시 들어가던 효연이 모습에 진우는 마음이 아팠다.

술에 잔뜩 취한 효연이 아버지가 마당에 널브러진 채 고래고래 소리 지르던 날도 그랬다.

"이게 나라여? 백성들 등골을 빼먹어라! 빼먹어! 이런!"

세포를 못 내서 관아에 밭을 빼앗기자 억울함에 겨워 효연이 아버지가 새벽까지 술주정을 하던 날, 마을 사람들 모두 나와 구경하는 통에 얼굴이 벌개진 채 왔다 갔다 했던 효연이를 진우는 기억하고 있다.

효연이가 조만간 마을을 떠날지도 모른다는 생각에 진우는 가만히 있어도 슬퍼졌다. 더구나 이런 마음을 아무에게도 털어놓지 못한다는 것이 갑갑했다. 그래서 대나무 숲을 찾아 혼자 울었던 것이다.

병석에 오랫동안 누워 지내시던 할아버지가 가족들을 잘 알아보지 못하시던 날도 혼자 대숲에 왔다. 집 안 공기는 무겁게 가슴을 눌렀지만, 신기하게도 대숲에만 오면 마음이 가벼워졌다. 어쩌면 진우에게 대숲에서 보낸 시간은 할아버지를 떠날 준비를 하는 시간이었는지도 모르겠다.

마을 끝에 있는 대숲에 갈 때면, 진우는 할아버지가 들려주던 대나무 이야기를 떠올렸다. 단단하면서도 가벼운 대나무. 그 이야기는 꼭 자유에 관한 말 같았다.

소년 의병 김진우

일본군에 빌붙어 마을 사람들을 착취하는 관리들의 횡포를 피해 마을을 떠나는 사람들이 하나둘 늘어 갈수록, 장대비가 흠씬 내린 후 쑥쑥 키가 크는 대나무에 눈길이 갔다.

'참 빨리도 자라네, 대나무는.'

작은 죽순이 어느새 자신의 키보다 훌쩍 자라서 대나무가 되는 것이, 바라볼수록 신기했다.

대나무처럼 진우도 빨리빨리 자라서 어른이 되고 싶었다. 눈을 감고 댓바람 소리에 귀를 기울이자 댓바람이 몸속 가득 스며 들어왔다. 대나무처럼 몸이 가볍고 푸르러지는, 그런 기분이었다.

장터에서 만난 각설이 아저씨

진우는 아버지와 함께 제천 오일장에 갔다. 장터에 들어서자 보부상들의 호객 소리와 흥정 소리로 장은 춤을 추는 것처럼 들썩였다. 두근두근, 진우는 가슴이 뛰었다. 오일장에서 나는 소리들은 마치 생동생동 살아서 숨을 쉬는 것 같았다.

"진우 아버지! 장에 갈 때 한번 팔아 보세요. 진우 솜씨가 보통 솜씨가 아니래도요."

눈썰미가 좋아 동정*만 새로 바뀌어도 귀신같이 알아내는 어머니의 말이 아니었어도, 진우가 만든 대나무 공예품을 들고 언젠가는 장에 나갈 생각이었다. 오래전 아버지

---

*동정 : 한복 저고리 깃 위에 덧대는 가늘고 긴 하얀 헝겊 조각.

의 아버지, 그러니까 진우의 할아버지가 만든 대나무 채반과 죽통을 들고 나간 장을 기억하고 있었던 것이다. 그때 할아버지의 대나무 수공예품은 장터에서 사람들의 관심을 한몸에 받았다.

"아무래도 아버님 손재주가 진우에게 갔나 봅니다!"

"그러게 말입니다. 한 대는 건너뛰었나 봅니다. 허허!"

좌판에 펼쳐놓은 대나무 수공예품을 본 마을 사람들이 덕담을 한마디씩 늘어놓으며 지나갔다. 틈날 때마다 툇마루에 앉아 두 손으로 오물조물 깎아 만든 대나무 필통과 소반이었다.

"이걸 네가 다 만든 거니?"

"네."

"대단하구나! 진우 네 손재주가 아무래도 너희 외가 쪽 그림 솜씨를 닮았나 보구나!"

보따리에 얼기설기 싸 온 소반과 필통은 금세 동이 났다. 자신이 만든 물건이 누군가의 손에 들려 낯선 집에 간다는 것이 진우는 신기했다. 장에 올 때마다 한참을 멈춰 서서 바라보던, 한 씨 할아버지의 둥근 항아리들 옆에 버젓이 좌판을 차린 것만 해도 뿌듯했는데 말이다.

"오늘 장에서 인기 제일 보부상은, 바로 우리 마을 진우구나!"

얼굴이 붉게 달아오른 배나무 집 할아버지가 혼잣말처럼 중얼거리며 지나갔다. 몰락한 양반이지만 외출할 때마다 늘 도포를 차려입고 나가는 할아버지 입에서는 언제나 들큼한 막걸리 냄새가 났다. 어느 날 할아버지는 마을을 비틀비틀 걸어가며 내내 반복해서 중얼거렸다.

"나라 팔아먹을 놈들 다 잡아야 돼. 망하기 전에 잡아야 돼. 나라 망하기 전에, 나라 망하기 전에, 나라 망하기 전에……."

그 말이 왜 그렇게도 곱씹어지던지. 한낮에 쪽마루에 앉아 있으면 배나무 집 할아버지가 술주정처럼 내뱉었던 말이 귀에 톡톡 걸리곤 했다.

"우리 진우 솜씨가 좋기는 좋은가 보다. 벌써 다 팔렸다니 대단한걸!"

아버지가 칭찬을 하자 진우는 어깨가 으쓱거려졌다. 마을에 가서 아이들에게 자랑해야지, 생각하는 것만으로도 기분이 좋아졌다.

한 씨 할아버지의 항아리 좌판을 끼고 오른쪽으로 걸어

가자 비릿한 냄새가 흘러왔다. 새우젓을 사발에 담아 사람들에게 나눠 주는 새우젓 장수가 보였다.

"이 새우젓만 음식에 들어가면 임금님 수라상이 부럽지 않아요! 그러니까 떨어지기 전에 한 사발씩 사 갖고 들어들 가쇼!"

새우젓 장수를 지나가자 멸치 좌판도 나왔다.

"여수에서 온 멸치요! 잘근잘근 짭조름한 것이 아주 맛있는 멸치라요! 안 사면 손해니까 알아서들 와서 사 가시오!"

버들가지로 울이 없이 넓적하게 엮어 만든 채반에는 은빛 멸치가 수북이 쌓여 있었다. 멸치 장수가 목소리를 높이자, 그에 질세라 서해 바다에서 온 소금 장수는 옆에서 더 크게 호객 소리를 내질렀다.

"이 소금으로 말할 것 같으면 저 멀리 서해 바다, 깊고 맑은 물에서 온 소금이요! 이 소금만 음식에 조금 들어가도 진수성찬으로 변해 버리는 게, 아주 겁나게 맛있는 소금이요, 소금!"

서해에서 온 소금이 소금 장수 손에서 마치 은가루처럼 뿌려졌다.

장터에서 만난 각설이 아저씨 35

"바닷바람이 이 소금에 다 들어 있소! 들리지 않는가요? 쏴아아~ 파도 소리!"

남해에서 올라온 멸치와 서해에서 건너온 소금. 진우는 멸치가 살았던 바다가 아주 먼 곳이라는 생각이 들었다. 먼 곳에 있는, 푸른 바다를 튀어 오르는 은빛 멸치 떼를 상상하자 여수 앞바다가 생생하게 만져지는 것 같았다. 한 번도 가 보지 못한 곳인데도 신기하게 말이다. 여기까지 오느라 먼 길을 지나왔을 멸치들이 어쩐지 대견스러웠다.

'먼 곳에서 이곳까지 오느라 애썼어!'

진우가 속으로 멸치들에게 인사를 건네는 순간, 고소한 냄새가 코끝을 흔들었다. 언제 옆에 왔는지, 엿장수가 수레를 끌며 철컥철컥 가위질을 하고 있었다.

"철컥철컥!"

"호두약엿! 참깨박산도 있어요!"

"철컥철컥!"

"팔도에서 제일 맛있는 엿 팔아요!"

수레 위에서 긴 가래엿이 하얀 시냇물처럼 흐벅지게 흐르고 있었다.

"아저씨, 엿 하나 주세요. 얼마예요?"

36 소년 의병 김진우

"단돈 두 푼!"

엿장수 아저씨가 목판에 깔린 엿을 손으로 길게 잡아당겨 가위로 쑹덩 쑹덩 자르는 것을 보고 있자니 입에 침이 저절로 고였다.

"자, 여기, 아주 길게 뽑았다! 옛다!"

엿장수 아저씨가 건네준 엿을 한 입 베어 물자 온몸이 스르르 녹았다. "진짜 맛있다", 중얼거리며 걸어가자 세상 부러울 것이 없다.

'그런데 말이야. 왜, 엿은 지금 먹는 엿이 늘 가장 맛있는 걸까?'

진우는 입 속으로 들어간 엿이 자꾸만 사라지는 게 안타깝기만 했다. 엿을 우물우물 녹여 먹으며 콧노래를 부르니 장터가 다 제 세상 같았다. 마을에 엿장수가 찾아오면 누구 엿의 구멍이 제일 클까, 아이들과 엿치기했던 것도 떠올랐다. 엿치기에서 이기고 먹는 엿도 참 맛났는데, 하지만 지금 이 맛에는 비할 바가 아니지!

관아에 논밭을 빼앗겨 마을을 떠날지도 모르는 효연이네, 요즘 들어 부쩍 한숨을 쉬는 아버지, 제 나라인 양 충주성에 버티고 있다는 일본군 등, 마을을 조용히 흐르는

장터에서 만난 각설이 아저씨

어둔 그림자 같은 소식이 장터의 생동생동한 기운에 쏴 씻겨 날아가 버리는 것 같았다.

'어쩌면 영석이 말이 맞는지도 몰라, 난 너무 생각이 많은지도. 아, 아버지에게나 가 봐야겠어!'

진우가 잰걸음으로 대나무 수공예품 좌판을 벌여 놓은 곳으로 가자 아버지는 일찌감치 자리를 정리하고 진우를 기다리고 있었다.

"진우야, 배고프지? 어서 국밥이나 먹으러 가자!"

장터 한구석에 자리한 주막에는 뭉실뭉실 연기를 피워 내며 시래기 국밥이 큰 솥에서 부글부글 끓고 있다. 구수한 냄새가 진우의 콧구멍 속으로 솔솔 들어온다.

"세상이 왜 이렇게 흉흉한지 원."

"흉흉한 게 뭐, 하루 이틀인가?"

뜨거운 국물에 밥을 후루룩 말아 먹는데 두런두런 말소리가 들렸다. 바로 옆에 바투 자리한 평상에 앉은 마을 사람들이다.

"아니, 남의 나라 군인이 왜 우리 땅에서 떵떵거리며 돌아다니느냐고!"

"충주성에 있는 일본군 말하는 거야?"

"지네 나라에 있는 것처럼 이제는 버젓이 성에 주둔해서 호령한다니까. 내 참, 기가 막혀서."
"기가 막힌 게 어디 그것뿐인가? 일본에 빌붙어서 나라 팔아먹으려는 놈들도 있는 마당에!"
"이런 다 쳐죽일 놈들!"
"이게 다 삼정이 문란해져서 그런 거 아냐! 가난한 백성들 등골을 빨아먹어도 유분수지. 곡식을 빌려 주고는 추수기에는 이자를 산더미처럼 붙여서 토해 내라고 하니 백성들만 죽어나지 않겠어?"
"그럼, 그럼! 벼슬아치랑 관리들만 배부른 거지!"
"어디 그것뿐이야? 남쪽에서는 젖 먹는 어린아이에게도 군포를 내게 한다는데, 다들 미친 거지 뭐."
"죽은 사람에게도 세포를 내라고 하니, 말 다했지 뭐!"
"그래서 마을을 떠나 떠도는 사람들이 점점 더 많아진다잖아!"
"관리들뿐이겠어! 이제는 왜놈들까지 득세해서 더 힘들어질 판이야. 우리 같은 백성들은 점점 더 살기 힘들어지는 세상이 온 거지."
윤 생원이 한숨을 내쉬자 진우 아버지가 갑자기 목소리

를 낮추며 말했다.

"자양영당에 한 번 가 보시지요."

"거긴 왜요?"

"의암 유인석 선생이 와서 강회를 여신대요."

"모여서 이야기하면 뭐, 뾰족한 수라도 나온답디까?"

"그래도 함께 머리를 맞대면 좀 낫지 않을까요? 남의 나

라 성에서 버섯이 진 치고 있는 왜놈들을 쫓아낼 방법도 같이 모색할 수 있겠지요."

아버지는 진우가 옆에 있는 것도 잊어버린 눈치다. 오랜만에 한자리에 모인 마을 사람들과 이야기꽃을 피우느라 정신없다.

"아버지, 장터 한 바퀴 돌고 올게요."

이야기에 정신이 팔린 아버지는 진우를 보며 건성으로 고개만 끄덕인다. 국밥집을 나온 진우가 어물전을 지나자 약재상 좌판이 펼쳐진다. 색색깔의 열매와 약재가 풍성히 펼쳐져 있는 모양새가 마치 별천지 같아 진우는 눈을 떼지 못한다.

"요즘 세상이 하도 흉흉해서 많이 어지럽다고요? 어지럼증에는 산수유, 감국, 광나무, 송악, 구기자나무, 돌콩, 동의나물, 석창포 땅두릅나물, 밀나물, 산국, 순비기나무, 잣나무, 참당귀, 천마, 타래난초를 쓰면 씻은 듯이 어지럼증이 사라져요! 자, 이게 바로 밀나물이요, 이것만 먹으면 어지럼증이 마술처럼 싹 사라진다니, 이게 바로 신비의 명약이 아니면 뭐겠어요!"

약재상 아저씨의 말이 끝나자마자 옆에 있던 각설이가 추임새 넣듯 이야기한다.

"그러니까 지천에 깔린 게 약재란 말 아닌가? 산수유, 감국, 광나무, 송악, 구기자나무, 돌콩, 동의나물, 석창포 땅두릅나물, 밀나물, 산국, 순비기나무, 잣나무, 참당귀,

천마, 타래난초, 아휴, 숨차! 몸에 약이 되는 풀꽃이 얼마나 귀한 거란 말이여! 그런데 그걸 못 올라오게 막 발로 밟으면 어떡하란 말이오!"

아무래도 약재를 파는 아저씨와 각설이는 같은 남사당패인 것 같다. 서로 주거니 받거니 대화하며 흥을 돋우는 모양새가 그러한데, 부러 목소리를 높이는 각설이 아저씨는 누덕누덕 기운 옷에 얼굴은 숯 검댕을 칠한, 영락없는 거지 차림. 하지만 거뭇한 얼굴 사이로 보이는 두 눈은 활활 빛이 난다. 어느새 사람들이 그들을 빙 둘러섰다.

"그러니까, 막 돋아나는 풀을 막 이렇게 밟으면 어떻게 되는 겨?"

각설이가 바닥에 풀 밟는 시늉을 하며 다그치듯 묻자 맨 앞에 쭈그리고 앉아 있던 아이가 냉큼 대답했다.

"죽어요!"

"아이고, 우리 똑똑한 아그들! 그렇죠? 다 죽어! 그러니까 죽지 않으려면 노래를 불러야 되는 겨! 그래서 각설이가 또 온 거요! 알았소? 잊을 만하면 와야 죽지 않으니께, 그래서 오늘 제천장에 온 겨! 그런데 이 풀떼기 인정사정없이 막 밟아대는 인간들은 나쁜 놈들이여? 좋

장터에서 만난 각설이 아저씨

은 놈들이여?"

"나쁜 놈들이요!"

"지금 누가 밟고 있는지나 알아? 지 나라인 줄 알고 충주성에서 떡 하니 자리 잡고 있는 분들이 있다는데 그게 누구여?"

"일본군이요!"

"그러니까 고놈들이 밟아도 막 돋아나야 되는 거야! 지난겨울에도 이렇게 살아남았잖아! 자, 봐봐!"

각설이는 바지 호주머니에 손을 넣고 부스럭부스럭 약초풀을 꺼내 보여 줄 것처럼 손을 편다. 하지만 빈 손.

"속았지요? 후하하!"

각설이는 두 손을 탈탈 털며 익살스럽게 말을 잇는다.

"그러니까 백성들이 속으면 안 되는 거여, 저 위에서 말하는 거 다 네네, 하다가 이 지경이 된 거여. 그니까 어떻게 해야 돼?"
"가만있으면 안 되지! 어떡하긴 뭐 어떡해!"
뒤에 서 있는 배나무 집 할아버지가 호령하듯 소리친다.
"아이고! 어르신 옳으신 말씀입니다요! 그래서 저, 각설이가 올해도 죽지 않고 찾아오지 않았습니까요. 풀꽃처럼 질기게 살아남아야지요. 그럼요! 가만히 있으면 안 돼요. 가만있으면 가마니로 알아, 가마니!
그런데 말이여! 저 흔한 풀꽃이 약이 되려면 어떡해야 돼? 풀 하나 갖고 약이 되겠어? 이렇게 오일장에도 나오고 좌판에도 풍성하게 깔아 놓으니 뭔가 태가 나고 빛이 나는 거지, 겨우 한 가락 갖고 약이 되겠어? 그러니까, 모여야 돼! 무조건 모여야 돼! 오늘 이 자리에 모인 것처럼 말이여. 이렇게 사람들이 많이 모여야 약이 되는 겨, 세상이 바뀔 수 있는 겨!
그러니까 나로 말할 것 같으면 각설이 말이여! 엄동설한에도 죽지 않고 버티고 버텨서 제천장에 온 겨! 나한테 박수 보내야 돼, 안 보내야 돼?"
"당연히 보내야지!"

46 소년 의병 김진우

각설이를 빙 둘러서 있는 사람들에게서 박수가 터져 나온다.
"자, 들어갑니다요!"
각설이 아저씨는 꽹과리를 치며 품바타령을 부르기 시작했다. 마당을 크게 빙빙 도는 각설이는 팔랑팔랑 나는 나비처럼 가벼워 보였다.

얼-씨구씨구씨구씨구 들어간다
절-씨구씨구씨구씨구 들어간다

작년에 왔던 각설이가 죽지도 않고 또 왔네

어허 품바가 잘도 헌다
어허 품바가 잘도 헌다

일 사나 한 장을 들고나 보니
일편단심 먹은 마음 죽으면 죽었지 못 잊겠네

둘에 이 자나 들고나 보니

수중 백로 백구 떼가 벌을 찾아서 날아든다

삼 자나 한 장을 들고나 보니
삼월이라 삼짇날에 제비 한 쌍이 날아든다

넷에 사 자나 들고나 보니
사월이라 초파일에 관등불도 밝혔구나

다섯에 오 자나 들고나 보니
오월이라 단옷날에 처녀 총각 한데 모아
추천 놀이가 좋을 씨고

어허 품바가 잘도 헌다
어허 품바가 잘도 헌다

여섯에 육 자나 들고나 보니
유월이라 유두날에 탁주 놀이가 좋을 씨고

칠 자나 한 장을 들고나 보니

칠월이라 칠석날에 견우 직녀가 좋을 씨고

여덟에 팔 자나 들고나 보니
팔월이라 한가위에 보름달이 좋을 씨고

구 자나 한 장을 들고나 보니
구월이라 구일 날에 국화주가 좋을 씨고

남았네 남았네 십 자 한 장이 남았구나
십 리 백 리 가는 길에 정든 님을 만났구나

남았네 남았네 질긴 풀꽃이 남았구나
십 리 백 리 가는 길에 귀한 약이 되자꾸나

어허 품바가 잘도 헌다

점점 빨라지는 타령에 장터에 모인 사람들 어깨가 들썩였다. 구성진 노랫가락에 막걸리 한 잔을 걸친 마을 아저씨들은 각설이와 함께 춤을 추었다. "그러니까 어떡하면 좋겠어?" 각설이가 힘이 드는지 땅바닥에 털썩 주저앉으며 묻자, 대장간 최 씨 아저씨가 기다렸다는 듯 농치듯 대답한다.

"그냥, 다 잡아 버려야지 뭐, 어떡하겠어? 이러다 다 죽어."

사람들 사이로 하얀 조팝나무 꽃이 날리듯 푸스스 웃음이 터져 나왔다. 진우 마음에도 서늘한 바람이 불어왔다. 문득 조금 전 어물전에서 본 멸치처럼 멀리 떠나고 싶은 마음이 들었다.

짭조름한 멸치를 한 입 입에 물고 바다로, 이제껏 한 번도 가 보지 못한 곳으로 훌쩍 떠나고 싶었다. 그곳에 가면 오늘 장터에 모인 사람들 흰옷들이 펄럭일 것 같았다. 그렇다, 지금 여기보다는 더 자유롭고 행복한 세상일 것 같았다.

아무도 배고프지 않고 모두가 행복한 세상으로

아버지를 따라 자양영당에 갔다. 툇마루에서 마당까지, 팔도에서 모여든 백여 명의 유생들로 가득 차 있었다. 학의 우아한 날갯짓 같구나, 팔작지붕을 올려다보며 진우는 생각했다. 잠시 뒤 도포를 차려입은 남자가 방에서 걸어 나왔다. 오십 대 중반 정도 되어 보일까. 조용하지만 단단한 나무와도 같은 인상의 남자.

"오늘 이 자리에 오신 분들도 다 아시겠지만, 참으로 개탄스러운 현실입니다. 우리 민족의 전통과 가풍을 뒤흔드는 일본의 만행이 계속되고 있는 상황 아닙니까?"

남자가 입을 열자 사람들의 눈이 일제히 그에게 쏠렸다.

"저분이 바로 의암 유인석 선생이시란다."

진우에게 아버지가 귓엣말로 알려 주었다.

"입는 옷을 서양식으로 바꿔 놓는 것도 모자라 상투를 자르는 단발령이라니요! 그뿐입니까? 일국의 왕비를 무참히 시해하는 극악무도한 범죄까지 저질렀습니다. 이래도 우리가 가만히 있어야 하겠습니까?"

툇마루와 마당 여기저기에서 한탄 소리가 밀물처럼 흘러나왔다.

"망해 가는 이 나라를, 여러분은 그냥 내버려 두시렵니까? 내 나라, 내 집을 위해 나설 한두 사람의 의로운 이도 없단 말입니까?"

의암 선생의 연설에 노래의 장단 맞추듯 사람들은 연신 고개를 끄덕였다. 의암 선생의 어조는 잔잔하지만 힘이 있었다. 대나무 숲에서 부는 푸른 바람과 닮았다고 진우는 느꼈다. 아무 생각 없이 아버지를 따라나선 길, 복잡했던 머릿속이 맑게 개는 기분이었다. '한 사람'이라는 말이 진우의 마음속에 쑥 들어왔기 때문이다.

'그래, 맞아! 한 사람이라도!'

장터에서 만난 각설이 아저씨가 진우에게 이야기해 준 '사람들'과도 '한 사람'은 겹쳐졌다. 각설이 아저씨가 말해 준 사람들, 그들이 한 사람, 한 사람이 되어 진우 마음속

아무도 배고프지 않고 모두가 행복한 세상으로 53

으로 쏙 들어왔다.

'그래! 한 사람, 한 사람이 없다면 이렇게 많은 사람들이 오늘 여기 모일 수 없었겠지. 시작은 한 사람부터, 그렇게 점점 많아지는 거니까.'

그때 갑자기 의암 선생이 목소리를 높였다.

"요즘 일어나는 모든 일들은 문명을 포기하고 야만으로 돌아가는 일입니다! 그래서 저는 여기 모인 팔도 유림들 앞에서 우리 모두가 힘을 합쳐 의병을 일으킬 것을 강력히 주장하는 바입니다. 여러분들이 각자 고향에 돌아가서서 오늘 우리가 결의한 뜻을 지역 선비들에게 전해 주시기 바랍니다. 그래서 들불처럼 의병을 일으켜 이 나라를 구합시다!"

강회가 끝나고 집으로 돌아오는 길 진우는 왠지 마음이 싱숭생숭 들떴다.

"아버지! 글 읽는 선비들이 의병이 될 수 있나요?"

"그럼! 선비들이 글만 읽을 수 있는 시대는 아니니까······."

뒷말을 흐리는 아버지의 눈이 먼 곳을 향했다. 집으로 돌아가는 고갯마루에 늘어져 있는 느티나무를 보고 있는 걸까? 가느다란 나뭇가지 사이를 띄엄띄엄 거닐다가 훌쩍 날아오른 산새를 보고 있는 것일까?

'아버지도 걱정이 많으시구나……'

진우는 아버지가 미처 말하지 못한 뒷말을 왠지 이해할 수 있을 것 같았다. 진우 역시 미래가 한없이 불투명한 길처럼 보였기 때문이다.

"글쎄, 효연이네가 마을을 떠난다네요."
"떠난다, 떠난다 하더니 진짜로 가네. 아니, 언제 간다고 하오?"
"떠날 날을 정확히 알려 주겠어요? 사람들 보기가 아무래도 민망하겠죠."
"세상 참 어수선하구려! 허……."

어머니의 숨죽인 목소리가 안방 문 틈새로 새어 나왔다. 뒤이어 아버지의 한숨 소리도 길게 이어졌다.

저녁을 먹고 마루에 앉아 댓잎으로 광주리를 짜던 진우는 숨이 탁 막혔다. 효연이가 진짜로 떠난다니! 아무도 없는 어두운 들판에 혼자 서 있는 기분이었다. 머릿속이 멍해지더니 돌덩이가 누르는 것처럼 가슴이 답답해졌다.

진우는 짜다 만 광주리를 던져 두고 집을 나와 내달리

기 시작했다. 숨이 턱에 차도록 뛰다 보니 어느새 대숲이었다. 진우의 얼굴 가득 포도송이처럼 송송 땀이 맺혔다.

죽은 댓잎들이 수북이 깔린 땅에 털썩 주저앉으니 우두커니 어둠만 보였다. 낮에도 대숲은 어둑신한데, 밤의 대나무 숲은 한 치 앞도 보이지 않는 어둠의 한가운데였다.

쏴아아! 쏴아아!

하지만 어둠 속에서 댓바람 소리는 낮보다 더 잘 들렸다. 흥건한 땀방울을 바람이 씻어 주자, 막혔던 마음 한가운데가 조금씩 풀려나기 시작했다.

문득, 파도 소리가 댓바람 소리와 비슷할지도 모른다는 생각이 들었다. 며칠 전 장터에서 소금 장수가 들려준 바다 이야기가 떠올랐다.

"바닷바람이 이 소금에 다 들어 있소! 들리지 않는가요? 쏴아아~ 파도 소리!"

서해 바닷가 작은 마을에서 왔다는 소금 장수는 능청스럽게도 파도 소리를 입으로 흥얼거리며 흉내 내었다.

문득, 진우는 낮에는 알 수 없었던 대나무 숲의 비밀을 발견한 기분이 든다. 파도 소리를 닮은 댓바람 소리가 점점 귀를 파고들수록 바다에 한 번도 가 본 적은 없지만,

마치 바다에 온 것 같은 기분이 들어서였다.

그때였다. 피리리리! 어디선가 피리 소리가 들렸다. 어디서 나는 소리일까? 피리 소리가 점점 가까워올수록 진우는 섬뜩한 기분이 들었다. 마을 사람들이 이야기하는 대나무 숲 귀신이 정말 있는 걸까? 갑자기 심장이 방망이질 치기 시작했다.

'아, 아까 성황당 앞을 그냥 지나쳤어! 침이라도 세 번 뱉을 걸 그랬네……'

그 순간 눈앞에 흰 빛이 번뜩, 지나가더니 진우 앞으로 어두운 그림자가 툭 떨어졌다! 진우는 깜짝 놀라 엉덩방아를 찧고 말았다.

"오호! 이 밤중에 나 말고 또 귀신 친구가 있었나?"

아, 그림자는 다행히도 사람이었다. 그것도 엊그제 장터에서 본 각설이 아저씨! 얼굴의 숯 검댕은 없어졌고, 눈빛은 더 활활 타오르는 것 같았다. 진우는 가슴을 쓸어내리며 말했다.

"각설이 아저씨, 맞죠?"

"나? 아니, 난 무릉도원에서 온 자유인인데! 히히!"

"무릉도원이요?"

아무도 배고프지 않고 모두가 행복한 세상으로

"으응. 무릉도원 몰라? 아무도 배고프지 않고 모두가 행복하게 사는 세상 말이야!"

각설이는 갑자기 피리를 불기 시작했다. 흥이 돋았는지 어깨까지 들썩거리며 춤까지 췄다. 그러고는 각설이 타령을 부른다.

얼-씨구씨구씨구씨구 들어간다
절-씨구씨구씨구씨구 들어간다
작년에 왔던 각설이가 죽지도 않고 또 왔네

어허 품바가 잘도 헌다
어허 품바가 잘도 헌다

달밤에 대숲에서 춤을 추며 노래하는 각설이라니! 조금 전까지 혹시 귀신일까, 두려움에 움츠렸던 진우는 가슴속이 시원하게 뚫리는 기분이다. 작년에 마을에 와서 해금을 켜며 이야기를 늘어놓던 풍각쟁이 아저씨보다 열 배는 더 재미있어 보였다.

"푸하하!"

"재미있니? 한 사람이라도 웃게 했으면 이 각설이가 성공한 거지! 암암!"
각설이 아저씨 얼굴에 한낮의 햇살처럼 미소가 번졌다.
"그런데, 너는 언제 행복하냐?"
"행복이요?"
진우가 주저하며 말을 못 하자 각설이는 진우의 눈을 빤히 들여다본다.
"행복이 뭐 별 거 있겠니? 이렇게 오밤중에라도 오고 싶으면 아무 때나 대나무 숲에 올 수 있는 자유! 그게 행복 아니겠어?"
"그렇긴 하네요."
"배 곯지 않고 땀 흘려 일한 대가를 제대로 받는 것, 그게 행복 아니겠어?"
"맞아요! 배가 고프지 않은 건 중요해요. 전 배가 부를 때 제일 행복하거든요! 후후."
"그런데 말이다……."
각설이의 목소리가 작아지면서 눈이 가늘어진다.
"혼자만 등 따시고 배부르면 무슨 소용 있겠니? 다 같이 행복해야지, 그게 진짜 행복이여! 난 그런 나라를 알고 있지!"

"어디 있는데요, 그 나라?"

갑자기 각설이는 진우 얼굴 가까이 자신의 얼굴을 바짝 들이밀었다.

"네 마음속에!"

"마음속에요?"

"그래, 누구나 꿈꿀 수 있고 한 사람, 한 사람 같은 꿈을 꾸는 사람이 많아지면 그 나라에 갈 수 있는 거야!"

엊그제 자양영당에서 의암 선생에게 들은 '한 사람'이 퍼뜩 떠올랐다.

"그런데 왜 이렇게 배가 고프다냐! 너 혹시 집에 숨겨 놓은 감자나 옥수수 없냐?"

해맑게 웃는 각설이 아저씨 얼굴을 찬찬히 살펴보니 비쩍 마르고 버성진 것이 며칠 굶은 얼굴이다. 진우는 허기진 배를 움켜쥐고 피리 불며 춤을 추는 각설이가 안쓰러웠다.

"금방 갔다 올게요."

진우는 대답도 듣지 않고 내달렸다. 대숲을 벗어나 조금만 달리면 집이니까. 사립문을 조용히 열고 생쥐처럼 살금 살금 부엌에 들어가 솥에 남은 감자를 보자기에 싸서 옆구리에 끼고 내달리자, 노랫소리가 들리고 어느새 대숲에 도착했다.

우리는 길 위에 서 있네~
우리 자유를 위하여~
아직도 가야 할 길은 멀었네!
흰옷들이여 모여라!

각설이 혼자 어울렁 더울렁 춤을 추며 노래를 부르고 있있다. 각설이는 진우를 보더니 반갑게 달려들었다.
"아하! 너야말로 무릉도원에 갈 자격이 있는 아이구나! 배고픈 각설이를 모른 척하지 않았으니!"
진우의 손에 든 감자를 보고 환하게 미소 짓더니 각설이는 이내 감자를 우걱우걱 먹기 시작했다. 꿀꺽꿀꺽, 감자를 삼키는 소리가 만져질 것처럼 훤히 들렸다.
"세상을 바꿔야 한단다. 왜놈들이 점점 더 우리를 괴롭힐 테니까. 나중에는 대나무 숲에 오는 것도 허락받고 와야 할 정도로 우리 민족을 노예 취급 하려 할 거야.

요즘 하는 꼬락서니 보면 충분히 그러고도 남지, 암."
"하지만, 어떻게 바꿔요?"
"소식 못 들었냐? 여기저기 의병이 일어날 거란 소식!"
"아, 맞아요! 얼마 전에 자양영당에서 의암 선생님이 이야기하시는 걸 들었어요. 의병이 되어 나라를 구하자고 하셨어요!"
"의암인지 오암인지가 누군지 잘 모르겠지만, 의병은 들불처럼 일어날 거다. 우리 민족은 일본 놈들 밑에서 네, 네, 거리며 살아갈 약해 빠진 민족은 아니니까. 어디 감히 남의 나라 와서 주인 행세를 하려고 하는지! 아주 파렴치하고 극악무도한 도둑놈들이지! 그놈들을 물리치기 위해선 양반이고, 농민이고, 상민이고 할 것 없이 힘을 합쳐야 돼! 특히 말이야! 양반들이 정신 차려야 돼! 의병 일으켜 놓고도 양반 법도나 챙기고 서로 갈라져 싸우기나 하면 다 쑨 죽 개 줄 수도 있다고! 그러니까 반상 구분 없이 마음을 합쳐야만 왜놈들을 이 땅에서 몰아낼 수 있다는 말이다! 알았냐?"
감자를 먹은 각설이는 힘이 났는지 큰소리로 숨도 쉬지 않고 쉴 새 없이 말을 했다. 그러더니만 주머니에서 대나

아무도 배고프지 않고 모두가 행복한 세상으로

무 피리를 꺼내 "피리리리~" 다시 피리를 불기 시작했다. 피리 소리는 커다란 어둠을 날렵하게 갈랐다. 구슬프고 고즈넉하지만 대나무 숲의 잠자는 유령들까지 모두 깨어날 것 같은 힘찬 소리.

"오늘 별이 참 좋구나! 너 아니, 왜 밤하늘이 까만지?"

진우도 각설이 아저씨를 따라 하늘을 올려다보았다.

"뭐, 밤이니까 까맣겠죠!"

"하나만 알고 둘은 모르는구나! 밤하늘이 까만 것은 별을 더 잘 보이게 하기 위해서야. 밤이 어두울수록 별이 더 또렷이 잘 보이잖아. 그러니까 어두우면 어두운 대로 그냥 다니는 거야. 어둡다고 기죽지 말고 말이야. 그러다 보면 언젠가 별이 보일 거야!"

하늘을 올려다보는 각설이의 눈이 별처럼 빛났다.

"감자 잘 먹었다."

각설이는 조금 전까지 불었던 피리를 진우 손에 쥐여 주었다.

"선물이다! 혼자 힘들고 외로울 때면 이 피리를 불어 보렴. 이 피리는 멀리 떨어져 있는 사람들을 하나로 이어 주거든. 또 함께 행복한 나라로 가고 싶은 사람들을 불러 줄 거다! 그래도 보기보단 이 피리가 꽤 효험이 있어! 행운을 빈다!"

각설이는 어둠 속으로 사라졌다. 마치 처음부터 나타나지 않았던 것처럼 홀연히. 진우는 대나무 숲의 어둠을 멍하니 바라보았다. 각설이 아저씨가 준 대나무 피리를 더 단단하게 손에 그러쥐었다.

한 사람
한 사람이 모이면

얼마 뒤 진우는 아버지와 함께 자양영당을 다시 찾았다. 분위기는 사뭇 달라져 있었다. 툇마루와 마당을 떠돌던 결기는 사그러들지 않았지만 다들 뭔가에 쫓기는 표정이 역력했다.

"아니, 싸움은 이겨 놓고서 뿔뿔이 흩어지다니, 그게 말이 됩니까?"

강원도 원주에서 제천으로 간 의병들이 단양의 장회협[*]에서 왜군들과 맞서 싸워 승리는 거두었으나 의병 부대 지휘부가 포를 다루는 군사들을 제대로 통제하지 못한 탓에 의병들이 남쪽으로 흩어져 내려간 것을 두고 여러 말

---

*단양 장회협 : 지금의 충주호 나루터.

들이 오고가고 있었다.

"그러니까 의병들에게는 대장이 필요하다고요. 힘들게 모아 놓은 의병들이 한순간에 흩어져 버리니, 이거 얼마나 억울한 일입니까? 힘을 계속 합쳐도 모자랄 판에."

단양전투에 참여했던 한 사람이 격앙된 채 말하자 자양영당 안은 금세 뜨거워졌다.

"맞습니다! 우리에게는 지휘부가 필요합니다!"

"의암 유인석 선생을 의병 대장으로 추대합시다!"

"그래요! 의암 선생님! 저희를 이끌어 주십시오!"

열화와 같은 환대 속에 의암 선생이 조용히 입을 열었다.

"비록 우리의 힘은 지금 미약하나 그보다 더 강한 우리의 마음이 있습니다. 나라를 구하겠다는 일념 하나만으로 모든 것을 능히 감당할 수 있을 것입니다!"

마침내 1896년 2월, 의암 선생은 제천 의병 부대의 대장이 되었다. 의병 대장이 된 날, 강회가 끝난 후 의암 선생이 진우에게 말을 건넸다. 그간 몇 차례 인사는 올렸으나 따로 이야기를 나누는 것은 처음이었다.

"네가 진우 맞지? 아버지한테 얘기 들었다. 올해 몇 살이라고?"

"이제 열세 살이 되었습니다."

"눈빛이 보통이 아니구나. 그래 의병 생활을 지켜보니 어떠하냐?"

"저는 작년, 열두 살에 이미 의병이 되기로 결심했습니다. 지켜보는 게 아니라 함께하고 있습니다. 저도 선생님이 말씀해 주신 '한 사람'이 되고 싶습니다!"

"허허! 생긴 것만 튼실한 게 아니었군! 그런데 그 한 사람이 그냥 되는 것이 아니란다. 한 사람이 되기 위해서는 끊임없는 배움과 훈련이 필요하단다. 오늘부터 시동으로 나를 보좌하면서 배워 보겠느냐?"

"네!"

의암 선생의 말이 끝나기 무섭게 진우는 또렷이 대답했다. 진우는 진짜 의병이 되고 싶었다. 의병이 되고 싶다는 생각만 해도, 마치 정월 초하룻날 쥐불놀이할 때처럼 마음속에서 불이 활활 타오르는 것 같았다. 작년까지는 아버지를 따라다니면서 잔심부름이나 하는 게 전부였지만 올해는 달라질 것이었다.

자양영당 안 툇마루에 남아 있던 사람들에서도 환한 미소가 둥실 떠올랐다. 방금 전 의암 선생이 말한 한 사람

68 소년 의병 김진우

이, 말이 아닌 실제로 우리 앞에 다가오는 그런 기분이 들었기 때문이다.

"의암 선생님! 우리가 이렇게만 뭉치다면 그깟 왜놈들 따위 금방 물리치지 않겠습니까!"

"맞습니다!"

"그럼요, 이렇게만 간다면야……."

그때 누군가 툭, 사람들의 대화를 끊었다. 강회 때마다 늘 구석진 자리에서 마뜩지 않은 표정으로 앉아 있던 서 유생이었다.

"하지만 우리 전력은 일본군에 비해 터무니없이 열세 아닙니까?"

사람들의 시선이 서 유생에게로 향했다.

"충주성에 있는 관군에게 들으니까 우리가 가진 화승총보다 일본군이 가진 양총은 방아쇠만 당기면 폭발하여 총알이 번개처럼 나간다고 합디다. 그러니까 우리가 총알 한 발을 겨우 쏠 동안 양총으로는 열 발이 나간다고 하니 계란으로 바위치기 아닙니까? 소총, 기관총은 물론이요, 포병까지 거느린 일본군에 비하면 우리 화승총은 비 오는 날에는 잘 터지지도 않으니 어린애와 어른의

싸움이 아니면 무엇이겠습니까? 우리만 희생자를 초래할 것이 분명합니다."

"하지만 우리에게는 저들에게 없는 것이 있지 않습니까? 나라를 빼앗길지도 모르는 우리가 무엇이 두렵습니까? 우리의 배수진은 분노입니다."

의암 선생의 말에 자양영당은 이내 조용해졌다. 고요하지만 단단하게 뿌리를 내린 목소리였다. 마을을 거들먹거리며 돌아다니던 관리들이 진우의 머릿속으로 스쳐 지나갔다. 일본에 빌붙어 제 민족을 괴롭히는 사람들. 관아에 논밭을 몰수당하고 마을을 떠나야 하는 마을 사람들의 눈물도 떠올랐다.

뭔가 든든한 뱃심이 하나 생긴 기분이 들었다. 사람들의 억울한 눈물이 앞으로 의병들이 싸우는 데 힘이 되어 줄 것만 같은 기분. 지금 가진 것은 아무것도 없지만, 뭔가 커다란 힘이 모락모락 마음속에서 피어오르는 소리가 들렸다. 그것도 아주 가까이에서.

"자, 이제 우리 제천 의병 부대는 조직적으로 움직일 것입니다. 다섯 부대로 나누고 이를 중군, 전군, 후군, 좌군, 우군으로 부를 것입니다. 대장을 필두로 이 다섯 부대를 이끌 장수 역시 다섯 명을 뽑겠습니다. 각 군에 속한 의병들은 다섯 장수의 명령에 충실히 복종하시기 바랍니다! 자, 우리의 목표는 무엇입니까?"

의암 선생의 질문에 의병들은 힘차게 소리쳤다.

"충주성입니다!"

"충주성을 장악하고 있는 왜놈들을 무찔러야 합니다!"

"친일파 무리들도 모두 다 끌어내야 합니다!"

의병들은 이미 승리한 것처럼 기세 등등했다. 수적인 열세도, 무기의 열악함도 더 이상 문제가 되지 않았다.

"자, 내일 박달재를 넘어서 충주성으로 진군합시다!"

함성이 파도 소리처럼 쏟아져 나왔다. 사람들의 함성을 뚫고 의암 선생이 진우를 불렀다.

"진우는 이 서찰을 장재소*에 전해 주거라! 충주성의 왜놈들을 공격하기 위해 반드시 준비해야 할 것들을 적은 중요한 서찰이니라. 오늘 전해 주고 올 수 있겠지?"

---

*장재소: 군복과 군량 등 군수 물자를 관리하는 전투 지원 조직.

"네!"

진우는 의암 선생이 준 서찰을 윗저고리 주머니에 넣고 마을을 향해 달렸다. 지금 이 중요한 서찰을 전해 줄 사람이 자신밖에 없다는 생각에 어깨가 더욱 무거워졌다.

마을로 들어서는 고갯마루에 오르자 저 멀리 동구 밖으로 달구지에 짐을 가득 싣고 떠나는 가족이 보였다. 갑자기 진우는 얼어붙은 듯 멈춰 섰다. 붉은 댕기를 등에 가지런히 내려뜨린 채 달구지에 앉은 여자아이는 바로 효연이였다. 떠난다, 떠난다, 하더니 정말 마을을 떠나는구나. 효연이를 보자 눈물이 왈칵 솟아올랐다.

'작별 인사도 못 했는데……'

진우는 입을 앙다물고 뛰기 시작했다. 숨이 턱에 닿도록 한참을 달렸다. 저 멀리 효연이네 달구지가 이제는 점이 되어 사라지고 있었다. 눈앞이 점점 흐릿해졌.

'좋아한다는 말도 못 했는데……'

진우는 마음속으로 효연이 이름을 자꾸만 불렀다.

그러나 지금은 의병 일이 먼저였다. 진우는 두 발에 더 힘을 주었다. 어느새 장재소가 있는 마을이 점점 가까워지고 있었다. 장재소에 도착하여 서찰을 전달하고 돌아가려는데 마을 주민과 의병들이 어우러져 열심히 화약을 만들고 있는 모습이 보였다. 감나무집 최 생원도, 물레방앗간 옆에 사는 농부 김 씨 아저씨도, 모두 어엿한 의병이 되어 화약을 만들고 있었다.

"뒷간에서 오줌 버캐*도 모아 왔어요. 화약 만드는 데 이게 필요하다고 해서요. 가족들에게 오줌을 많이 누라고 했지요. 하하! 오줌 버캐 모으는데 냄새가 아주 지독해서 혼났지 뭡니까! 하하."

"그 집 아들 개똥이가 방귀대장이라 오줌 냄새가 더 지독한가 보오!"

김 씨의 말에 화약을 만들고 있던 의병들이 일제히 웃음을 터뜨렸다. 집집마다 돌아다니며 받은 부엌 아궁이 그을음을 한데 모으는 사람들, 유황과 재를 섞는 사람 등,

---

*버캐: 오줌 속에 든 소금기가 엉겨 생긴 찌꺼기.

모두 전투에 사용할 화약을 만드는 데 여념이 없었다.

병기를 담당하는 군기감의 한 장수가 돌아다니며 의병들을 독려하는 모습도 눈에 띄었다.

"지금 무기가 많이 모자랍니다. 화약을 만들 시간도 부족하니 집집마다 돌아다니며 조총을 모아 옵시다. 또 어망의 추도 있으면 모아 주십시오. 우리에게는 지금 탄약이 많이 필요합니다."

포수 권 씨가 손을 들어서 군기감의 장수를 불러 세웠다.

"제가 폭탄 만드는 법을 좀 알아요. 생김새는 고구마랑 비슷한데요, 노란색 화약에 자잘한 돌멩이를 섞어 넣으면 되거든요."

"오호! 좋습니다! 폭탄도 함께 만들면 좋겠소!"

진우는 얼마 전까지만 해도 데면데면했던 사람들이, 반상 구분 없이 한데 어울려 한마음이 되어 가는 풍경이 신기했다.

'그래, 이게 바로 의암 선생님이 말씀하신 한 사람, 한 사람이 커다란 사람들이 되어 가는 거겠지?'

서찰을 전한 진우는 의암 선생이 있는 자양영당으로 다시 발길을 돌렸다.

소년, 의병이 되다

　박달재를 오르는 사람들의 온몸에 땀이 흘러내렸다. 산세가 험하기로 유명한 박달재 고개였다. 하지만 충주성을 기습적으로 공격하기 위해서는 넘어야 했다. 때는 1896년 2월, 칼바람이 부는 엄동설한임에도 무거운 포를 지고 나르는 의병들의 얼굴에는 구슬땀이 송송 맺혔다.
　여러 겹 옷을 껴입었지만 칼바람이 숭숭 옷 속을 뚫고 들어왔다. 박달재 고개를 수많은 의병들과 오르고 있으니 진우는 영석이와 동네 친구들, 고향집, 대나무 숲이 아스라하게 멀어지는 기분이었다.
　'지금쯤 영석이는 뭐 하고 있을까? 효연이는 어디로 가고 있을까? 마을 아이들은 저수지 위에서 팽이를 돌리고 있겠지? 지금 집에 있다면 아랫목에서 엄마가 구워

주는 고구마랑 밤을 까먹을 텐데…….'

의병들과 함께 박달재를 올라 충주성을 공격하러 간다고 하자, 어머니는 낯빛이 하얗게 변했다. 하지만 이내 담담하게 말씀하셨다.

"그래, 네 아버지의 뜻이고 너의 뜻 또한 그러하니, 나도 받아들이마. 네가 이제는 의암 선생의 시동이니 선생이 어디를 가든 따라가야지. 너를 위해 기도하마. 무사히 생명을 보존할 수 있기를."

'무사히 생명을 보존하길', 어머니의 입에서 나온 그 말이 낯설게만 느껴졌는데. 지금 박달재를 오르고 있으니 어머니가 빌어 준다는 생명이 진우에게 오롯이 느껴졌다. 한 발자국 잘못 내딛으면 낭떠러지요, 행여 다치면 엄동설한에 이 험한 고개에서 죽을 수도 있다고 생각하니 눈앞이 아득해졌다.

하지만 박달재를 넘어 충주성을 공략해야만 했다. 왜냐하면 충주는 관찰부가 있는 호서 지방의 중요한 지역이었기 때문이다.

"무조건 충주성을 함락해야 합니다! 그래야 우리가 한양으로 올라갈 수 있는 길이 열립니다."

소년, 의병이 되다　77

그때 중군을 지휘하는 장수가 외쳤다.

"자! 오르막길입니다. 여기서부터는 두 줄씩 열을 맞춰서 갑시다!"

칼바람에 얼굴은 얼얼하고 두 손은 얼어붙은 듯 곱았다. 허청거리다가, 돌부리에 걸려 넘어질 뻔한 진우를 아버지가 손으로 붙잡아 주었다.

"진우야! 힘들지?"

"아뇨. 나라를 구하는 일이 안 힘들면 이상하겠죠."

"허! 내 아들이지만 참으로 기특하구나! 오래전 거란군이 십만 대군을 이끌고 우리나라를 침략했을 때 김취려라는 장군이 이 박달재의 험한 지형을 이용해서 승리를 했다. 험한 박달재가 우리에게도 꼭 행운을 가져다 줄 것이라 믿는다."

"그때도 이 박달재에서 우리 민족이 나라를 구한 거네요? 지금 우리가 하려는 것처럼요?"

"그렇지. 우리 민족은 힘든 일을 참으로 많이 겪어 왔고 지금도 여전히 고통을 통과하고 있구나. 그렇지만 그만큼 강해질 거란다."

"고통받으면 강해진다고요?"

"고통은 인간을 성숙시키거든. 아픈 역사를 통해 사람은 많은 걸 배운다."

한참을 쉬지도 않고 걸어 올라가자 발바닥에 물집이 생기기 시작했다. 아버지가 말한 고통은 물집처럼 아주 가까이 있구나, 진우는 생각했다. 다리에 쥐가 나 아파서 어쩔 줄 모르며 바닥에서 발을 움켜쥔 채 뒹구는 사람들도 나왔지만, 아픈 다리를 서로 주물러 주며 행진은 계속되었다. 힘겨움 속에서도 하나로 묶어 주는 힘이 사람들 사이로 흘렀다. 그것은 다름 아닌 흔들리는 촛불처럼 생명이 쇠해 가는 이 나라를 구하겠다는 일념. 그 생각이 양반과 농민들을 의병이라는 씨앗으로, 하나로 이어 주었다.

그렇게 반나절 박달재를 걸어 올랐을까? 멀게만 느껴지던 충주성이 시간이 흐를수록 점점 그 모습을 가까이 드러냈다. 진우는 가슴이 뛰었다. 서울에서 내려온 관군과 일본군 등, 천 명이 넘는 군대가 주둔을 하고 있다는 충주성. 그것도 신식 무기로 무장한 군인들이 성을 지키고 있다는 충주성이었다. 그 닫힌 문을 열기 위해 수천 명의 의병들이 충주성의 북쪽으로 빠르게 진군을 시작했다.

"포 사격 실시!"

제일 선두에 선 1중대 의병들은 서둘러 총에 화약을 넣고 재빨리 불 붙은 노끈이 물린 공이로 쳤다. 매캐한 화약 냄새가 자욱했다. 화승총 소리가 번개처럼 땅을 울렸다.

그 소리에 충주성의 문루에 서 있던 일본군이 혼비백산 놀라 내려왔다. 포를 서둘러 장전하여 발사하려 하지만,

갑자기 거대한 말벌 떼처럼 나타난 의병들의 기세에 당황하는 표정들이 역력했다. 충주성의 북쪽을 공격하는 동안 청풍을 거쳐 온 소수의 별동 부대가 성의 측면도 공격하자 기세를 돋우려는 징과 꽹과리 소리도 점점 더 맹렬해

진다. 네 개의 문루와 수문청은 삽시간에 불타올랐다.
"왜놈들 도망가는 거 봐라! 하하."
여기저기서 동시다발적으로 공격을 해 오자 일본군은 허겁지겁 줄행랑을 치기 시작했다. 신식 무기를 제대로 사용하지도 못한 채 꽁무니가 빠져라 도망가는 일본군의 등 뒤에서 의병들이 웃음을 터뜨렸다.
3천 명 의병 가운데 실제 총을 가진 이는 4백여 명에 불과했다. 온갖 신식 병기로 무장한 일본군에 비하면 터무니없이 열악한 상황이었다. 하지만 아무리 무기가 좋아도 죽을 각오를 하고 달려드는 의병들을 당해 낼 재간은 없었다. 의병들이 사방에서 우레와 같은 함성을 지르며 기습적으로 공격해 왔기 때문이다.
의암 선생 옆에서 도망가는 일본군을 향해 연신 포를 쏘고 화살을 쏘는 의병들을 바라보며 진우는 '언젠가'라는 말을 자꾸만 되뇌었다.
'지금은 비록 내가 어려서 함께 싸우지는 못하지만 언젠가 나도 저렇게 싸울 거야. 그때, 그때 싸울 때 지금 이 모습을 잘 기억할 거야.'
진우가 처음으로 참여한 의병 전투였다. 1896년 2월 17일

충주성이 제천 의병 부대에 의해 함락되자 의병들은 기쁨의 환호성을 질렀다.

"우리가 해냈어요!"

"왜놈들을 몰아냈어요! 우리도 힘을 모으면 할 수 있습니다!"

그때 의암 선생의 목소리가 단호하게 울려 퍼졌다.

"아직 끝난 게 아닙니다!"

사람들은 환호성을 멈추고 의암 선생의 손가락이 가리키는 곳을 바라보았다. 그곳에는 두려움으로 몸을 잔뜩 웅숭그린 채 떨고 있는 한 남자가 있었다.

"아니, 저 사람은 그동안 의병을 토벌해 죽였던 관찰사 아닙니까?"

"그것뿐이야! 단발도 강요했잖아! 일본 앞잡이가 되어 백성들을 괴롭힌 아주 나쁜 놈!"

의병들이 관찰사 주위로 몰려들었다. 자신을 향한 분노가 해일처럼 밀려오자 관찰사는 고개를 깊이 숙인 채 몸을 오들오들 떨었다.

"저는 왜의 손톱과 이빨이 되었습니다. 나라도 잃었고 조상도 배신했습니다. 천하 대역죄인입니다만, 저를 부디 살려 주소서!"

관찰사가 흐느끼듯 간청하자 그 옆에 가까이 다가선 의암 선생이 물었다.

"죄가 없다면 이렇게 두려워하고 빌 이유가 있겠습니까? 이 자는 나라를 팔아먹은 죄의 대가를 치러야 합니다. 나라를 구하겠다는 의병들을 앞장서서 잡아 죽였으니까요. 이 자와 같은 묵은 잘못을 없애야 새롭게 태어날 수 있습니다. 내일 이 자를 처형하는 이곳에 새로운 역사가 쓰일 것입니다!"

의암 선생의 말이 끝나자마자 함성 소리가 파도처럼 울려 퍼졌다.

"맞습니다! 새로운 역사를 쓰기 위해서는 백성들을 착취하고 나라를 팔아먹은 놈들은 백성들 앞에서 처형해야 합니다!"

다음 날 관찰사는 처형됐다. 그 뒤 일본군의 충주성을 향한 공격도 시작되었다.

"진드기 같은 놈들! 어디, 뜨거운 물맛이나 봐라!"

성 안에 있는 의병들은 포를 쏘며 사다리를 타고 성을

넘어오려는 일본군에게 두리함지박에 가득 채워 넣은 뜨거운 물을 부어 댔다.

"으악!"

느닷없이 뜨거운 물세례를 받은 일본군이 사다리에서 날파리처럼 바닥으로 떨어졌다. 충주성을 지키는 의병은 쉽게 물러서지 않았다. 결국, 2월 24일 충주성을 포위하며 총을 쏘던 일본군은 퇴각하면서 성 밖에 있는 마을의 집들을 불태우기 시작했다.

"불이다! 왜놈들이 불을 질렀소!"

집뿐만이 아니었다. 일본군은 충주향교에도 불을 질러 향교에 모셔 놓은 조상들의 위패를 모조리 불태우고 도망갔다. 마을은 삽시간에 아비규환이 되었다. 하루아침에 집을 잃고 조상들의 위패마저 잃어버린 사람들이 주저앉아 울음을 토해 냈다. 그 광경을 가까이서 지켜보는 진우의 마음속에 분노가 치밀어 올랐다.

"나쁜 놈들! 참 나쁜 놈들!"

진우는 불타 버린 마을에서 두 주먹을 불끈 쥐었다. 이 처참한 풍경을 결코 잊지 않겠다고 스스로에게 다짐하고 또 다짐했다.

소년, 의병이 되다

"일본군이 충주성을 포위했어요!"

의병들이 충주성을 함락한 지 채 한 달도 못 되어 일본군은 더욱 맹렬하게 공격해 왔다. 성 아래에서 쉴 새 없이 포를 쏘아 대는 것도 모자라 성 밑에 잠복해 있다가 불시에 사다리를 이용해 성을 넘어오려고까지 했다.

"으악!"

여기저기 일본군의 포에 맞아 온몸이 불길에 휩싸인 의병이 속출했다. 개중에는 성 아래로 떨어져 죽은 이들도 있었다. 피투성이가 된 사람들, 부상당해 비명을 지르는 사람들이 넘쳐났다. 어느새 충주성은 일본군이 난사한 포로 화염에 휩싸였다. 일본군 3개 중대가 이미 충주성을 바짝 포위해 들어온 상태였다.

"대장님! 이러다가는 모두가 죽고 말겠어요. 일본군이 길을 다 막고서 식량 보급로까지 차단한 마당에 성 안에 있다가는 속수무책 저들에게 당하고 말 겁니다."

진퇴양난에 빠진 형국에 모두 어찌할 바를 몰라 허둥댔다. 의암 선생은 어쩔 수 없이 퇴각을 결정했다.

일단 가까운 청풍으로 근거지를 옮겼다. 하지만 그곳에서도 사정은 그리 나아지지 않았다. 1896년 5월, 의병들을 진압하기 위해 내려온 관군은 제천 남산에서 승리를 거두고 제천 일대를 장악하기에 이른다. 그 뒤로 의병 부대는 풍기와 영춘에서 원주까지 돌아다니며 일본군과 작은 전투를 벌였다. 영월과 강릉, 안변, 영흥을 지나며 재기를 꿈꾸었지만 도처에서 군수와 관찰사들은 의병들을 압박해 왔다. 더 이상 회생의 가능성이 보이지 않게 된 어느 날 의암 선생은 의병들을 불러 모았다.

"여기서 일보 후퇴를 하는 것은 일보 전진을 위한 하나의 포석을 두는 것입니다. 결코 포기가 아닙니다. 우리는 이제 만주로 가서 새롭게 시작할 것입니다."

"왜 하필이면 만주로 가야 합니까?"

"만주를 독립운동 기지로 세우려고 하기 때문입니다. 만주는 입지 조건이 뛰어납니다. 그곳에서 우리가 힘을 길러 장성해지면 나라를 구하기 위해 돌아올 것입니다. 그때까지 우리는 만주에서 시간을 갖고 힘을 길러야 합니다. 일본을 이길 힘, 말입니다. 하지만 여러분께 강요하지는 않겠습니다. 내일 새벽에 떠날 것입니다. 여러분들의 선택에 맡길 뿐입니다."

만주라니! 의병이 되고 싶었고, 의암 선생을 도와 힘껏 애쓰겠다고 결심했지만, 머나먼 만주로 갈 생각을 하니 머릿속이 아득해져 왔다. 만주는 얼마나 먼 땅인가. 고향을 떠나 부모님도, 영석이도, 대나무 숲도 볼 수 없다는 사실이 진우의 마음을 막막하게 만들었다. 진우의 복잡한 머릿속에 들어왔다 나온 걸까?

"진우야, 우리 잠시 산책 좀 갔다 올까?"

자신을 부르는 의암 선생의 목소리에 진우는 정신이 퍼뜩 들었다. 기지 마을이 있는 숲길을 진우와 의암 선생은 한동안 말없이 걸어갔다. 한숨 돌리며 잠시 쉬고 싶을 때 마침 작은 호수가 나타났다. 호수 위에 달이 덩그러니 비친 모습이 그윽하고도 아름다웠다.

"강물이 달을 비추듯 우리는 서로를 비추는 존재란다."

"비추는 존재요?"

"그럼. 만주로 가는 것도 일보 후퇴인 듯 보이지만 사실 새로운 도약을 위한 하나의 웅크림인 것처럼, 먼 땅에서 이 땅을 향해 빛을 비추는 역할을 하는 거지. 아픈 대로, 힘든 대로 그대로 비출 수밖에 없단다. 이 땅에 남아 있든지, 만주에 있든지, 모두 한민족이기 때문이지. 우리가 떠나는 것은 조국을 등지고 가는 것이 아니라 더 높이 오를 힘을 기르기 위해서 가는 거니까."

"만주에서 의병이 되는 훈련을 받을 수 있나요?"

"물론이지. 한 사람 한 사람을 단단하게 길러 낼 거란다.

소년, 의병이 되다 89

나라를 구할 사람들 말이다. 물론 쉽지 않은 길이지. 어려운 일도 많을 테고."

한 사람. 진우는 처음 의암 선생을 만났을 때 들었던 한 사람이 떠올랐다. 내가 그 한 사람인데, 왜 나는 만주에 가는 것을 망설였던 걸까?

"나와 함께 만주에 가겠느냐?"

"네!"

"진우야, 너는 왜 의병이 되고 싶은 것이냐?"

"나라를 구하고 싶어요. 일본에게 빼앗긴 이 나라를 다시 되찾고 싶어요! 선생님이 말씀하신 분노가 제 마음에 있는 걸요."

의암 선생은 진우를 보며 빙그레 미소를 지었다.

"그래, 그것만으로 의병이 될 자격이 충분하구나. 오래전 선조 25년에 왜군이 부산포를 침략했을 때 한양까지 함락을 당한 적이 있었단다. 그때 분연히 일어난 사람들이 의병이란다. 나라의 운명이 벼랑 끝에 섰을 때 의로써 분기탱천 일어나 투쟁하는 사람들이 의병이지. 그렇기 때문에 의병은 비록 가진 것이 많지는 않지만 분노가 힘이다! 유일한 힘!"

진우는 기지 마을로 내려갔다. 마을의 토담집에서 군불을 떼고 있던 아버지를 급하게 찾았다.

"아버지! 저, 의암 선생님을 따라 만주로 가고 싶어요. 가서 의병이 되어 돌아오겠습니다!"

잔솔가지를 들고 있던 아버지 입가에 아픈 미소가 어렸다. 아버지는 말없이 진우를 부둥켜안았다. 어스름한 저녁, 아버지의 품은 참 따뜻해서 그 온기만으로도 충분히 만주에서 살아갈 수 있을 것 같았다. 진우는 왠지 모르게 힘이 났다.

"모레 새벽에 떠나려면 집에 다녀와야 하지 않겠니? 어머니께 인사 드리고 간단한 봇짐이라도 싸 오너라."

"네, 지금 어머니께 인사 드리고 오겠습니다."

"그래, 조심해서 갔다 와라!"

산길은 온통 어두컴컴해서 발을 딛는 곳마다 허방인 것 같았다. 대나무 숲의 어둠과는 달랐다. 대숲의 어둠이 엄마 뱃속에 있는 것처럼 아늑하다면 지금 진우가 걷는 산길은 한 치 앞도 내다볼 수 없는 어둠. 하지만 자신은 지난 충주성 전투에도 참여한 의병이 아니던가. 진우는 어둠 속으로 더 깊이 걸어 들어갔다. 달빛만이 유일하게 길을 밝혀 주었다. 그래, 달빛이라도 있으니까 다행이야. 진우는 생각했다. 멈춰 서서 하염없이 달을 바라보았다. 영석이도 혹시 저 달을 보고 있을까? 멀리 떨어져 있지만 사람들을 이어 주는 달에게 진우는 문득 고마운 마음이 들었다.

마을이 점점 가까워 올수록 진우의 얼굴에는 환한 미소가 번졌다. 저녁 군불이 집집마다 몽글몽글 솟아올라 구수한 밥 짓는 냄새가 콧속을 파고들었다.

마을 입구에 들어서자 들마루에 앉아 있는 영석이가 보였다. 하늘을 올려다보고 있었다. 영석이도 달을 바라보고 있었나 보다, 생각하니 진우는 더 반가웠다. 진우의 발걸음은 영석이네 집으로 향했다.

"영석아!"

화들짝 놀라 일어선 영석이는 동그래진 눈으로 진우를 바라보았다. 마치 유령이라도 보는 것처럼.

"진우야! 너, 지금, 어디서 오는 거야?"

"의병 기지 마을."

"그동안 네 걱정을 얼마나 했는지 알아? 두 달 동안 얼굴을 볼 수 없으니……. 충주성에 갔다고는 하는데 소식

92 소년 의병 김진우

은 모르고. 네 걱정을 얼마나 했다고!"
영석이의 목소리는 울먹울먹 떨렸다.
"영석아! 나 오늘 기지 마을로 다시 돌아가. 그리고 그곳에서 내일 만주로 떠날 거야!"
"만주로? 저 멀리 북쪽에 있는 만주 땅에 간다는 거야? 내일?"
"응! 만주에서 의병 훈련을 받을 거야. 오늘 새벽에 출발한대! 그곳에서 편지 보낼게. 너도 답장해 줄 거지?"
"그럼! 그런데 이렇게 급히 가야 돼?"
영석이 얼굴이 우는 것도 아닌 웃는 것도 아닌 이상한 얼굴이 되었다. 똥이 마려 끙끙대며 어쩔 줄 모르는 동네 강아지 같은 표정이었다.
"먼 길을 가야 해서 오늘 새벽에 모두 떠나야 한대. 이따 새벽에 대나무 숲에서 보자!"
"그래."
"잊지 마!"
진우는 영석이에게 박음질하듯 말하고 뛰어갔다. 어머니를 볼 생각을 하니 두 발에 날개가 돋는 것 같았다.

# 사람과 사람을 이어 주는 대나무 피리

새벽 달빛 아래에서 진우는 손수 만든 대나무 피리만 손으로 자꾸 만지작거렸다. 각설이 아저씨에게 피리를 선물 받은 뒤 영석이에게 대나무 피리를 선물하고 싶었다. 그래서 기지 마을에서 새벽까지 잠도 자지 않고 만든 피리였다.

각설이 아저씨의 말대로 대나무 피리를 불면 멀리 떨어져 있는 사람들이 끊어지지 않고 이어질 것 같았다. 하지만 영석이는 대숲에 오지 않았다. 선물을 전해 주지 못하고 떠나는 진우의 발걸음은 돌을 매단 듯 무거웠다.

진우는 영석이와 늘 함께 앉아 있곤 했던 대나무 밑동에 피리를 놓아 두고는 한참을 내려다보았다.

'영석아! 이곳에 와서 대나무 피리를 꼭 찾아, 알았지?'

걸어가면서도 마음속으로 내내 영석이에게 말했다.

'대나무 피리를 불면 멀리 떨어져 있어도 나를 느낄 수 있을 거야. 대나무 피리는 사람들을 이어 준다고 했어. 언젠가 꼭 다시 만날 수 있을 거야!'

고갯마루를 오르자 대숲은 잠을 자는 것처럼 어둠 속에 잠겨 버렸다. 달빛에 어슴푸레한 윤곽만 드러낸 마을을 내려다보는 진우의 눈에 눈물이 반짝였다.

만주로 가는 길

기지 마을에 도착한 진우는 의암 선생을 모시고 의병 선발대와 함께 길을 떠났다. 이백여 명의 의병들이 뒤를 따르는 거대한 행진이었다. 국경까지 가는 길. 주막에 머물고 떠나기를 몇 차례나 했을까. 해질 녘 마침내 초산에 다다랐을 때 눈이 시릴 정도로 푸른 강물이 넘실거렸다.

"압록강을 건너면 만주에 갈 수 있는 거죠?"

"그렇지. 이곳이 국경이니 우리가 이 땅에 머물 수 있는 마지막 시간이구나."

의암 선생의 목소리에서 비장함이 묻어 나왔다.

국경을 넘으며 고국을 돌아보니 비통함을 이기지 못하겠고, 또 차마 그간 여러분에게 바라던 희망을 포기할 수 없어 이에 피로써 글을 올립니다.

의암 선생은 국경에서 고국에 바치는 편지글을 읽어 내려갔다.

바라고 바라옵니다. 우리는 지금 조국을 떠나지만 이 땅에 남은 여러분은 지난 일을 거울 삼아 마음을 고쳐 자기 몸보다 임금을 우선하고 집보다 나라를 우선하고 원수를 토벌하고 오랑캐를 응징하시길 바랍니다.

우리가 지금 압록강을 건너감은 기필코 일본이라는 원수를 갚고, 다시 우리나라를 예의를 중히 여겨 잘 지키는 나라로 세우기 위함입니다.*

이백여 명의 의병들은 숙연해졌다. 그 마음을 알기라도 하는 걸까. 대답을 하는 것처럼 강물이 윤슬로 반짝였다.

---

*의암 유인석이 압록강을 건너 만주로 가기 전 1896년에 초산에서 발표한 격문 '재격백관'을 다시 옮겨 썼다.

"인근 주막에서 하루 쉬어 갑시다!"

의암 선생이 편지를 다 읽자 좌군을 이끄는 윤 장수가 말했다.

"윤 장수는 시기적절한 때 필요한 말 하는 데는 천부적이라니까!"

의암 선생의 이야기에 의병들 사이로 내내 흐르던 긴장감이 조금은 풀어졌다. 녹진한 기운이 감도는 가운데 의병 부대 선발대가 먼저 압록강변에 자리한 주막을 향해 걸어갔다. 멀찌감치 좌판에 삶은 돼지머리가 보이자, 진우는 주막에 다다른 걸 알았다. 자신이 죽은 것도 모르는지 해맑게 미소 짓는 표정으로 주막을 찾아온 사람들을 맞아 주는 돼지가 이렇게 반가울 줄이야.

"아니, 어디서 오시는 길이길래, 이렇게들 많이 한꺼번에 오셨대요?"

사람들이 들어서는 소리에 주모가 방에서 급히 나와 인사를 했다. 복스러운 뺨이 후덕해 보이는 얼굴이었다.

"제천에서 왔소이다!"

"아, 소식 들었어요. 먼 길 오느라 얼마나 힘이 드셨겠어요. 금방 국밥 내오리다."

주모는 부엌에 들어가 아침 일찍 끓여 놓은 국밥을 숯불로 데웠다. 지난겨울 내내 처마에서 꾸덕꾸덕 말라 갔을 시래기를 후루룩 먹는 의병들의 얼굴에 활기가 돌았다. 충주에서 대장간을 하던 김 씨 아저씨가 헤벌쭉 웃으며 말했다.

"아이고, 진짜 맛있네요! 압록강 바람으로 말린 시래기라 그런가."
푼더분한 웃음소리가 평상 위로 퍼져 나갔다.
"그런데 방은 낙낙하오? 우리가 솔찮게 사람이 많은데."

"봉놋방에 웅크리고 자면 되지! 여기까지 온 것만 해도 감지덕지요!"
주모가 대답하기도 전에 감나무 집 최 생원이 쐐기를 박듯 말했다. 국밥을 먹는 의병들 얼굴 위로 늦은 오후의 햇살이 번져 나갔다. 진우는 문득 고향 장터에서 아버지와

먹던 국밥이 떠올랐다. 주막 처마에 겨울이면 동동 매달려 꾸덕꾸덕 말라 가던 시래기도 진우의 머릿속을 스쳐 지나갔다.

빨강 제비부리 댕기를 한 여자아이가 나무 쟁반에 국밥을 실어 나르며 심부름하는 게 보였다. 주막에서 주모를 도와주며 허드렛일을 하는 여자아이인 것 같았다. 아이를 한참 보던 진우의 눈이 갑자기 동그래지더니, 손에 들고 있던 수저가 철퍼덕, 평상 바닥으로 떨어졌다.

"효연아!"

진우는 너무 놀라 입이 다물어지지 않았다. 이곳에서 효연이를 만날 줄이야! 그렇다. 국밥을 나르던 여자아이는 바로 효연이었던 것이다! 잠시 얼어붙은 듯 움직이지 않던 효연이가 진우에게 다가왔다.

"진우야, 네가 여기 어쩐 일이니?"

"난 지금 만주로 가는 길이야."

"만주?"

"응. 의암 선생 시동으로 만주에서 의병이 되는 훈련 받으러……."

진우를 바라보는 효연의 눈빛이 어

두워졌다.

"멀리 가는구나……."

"너는 어떻게 이곳에 왔니? 널 다시 만날 거라고는 생각도 못 했는데. 그때 고향 떠날 때……."

진우는 말을 흐렸다. 효연이의 마음이 불편할 것 같아서였다. 이것저것 물어보고 싶은 마음은 굴뚝 같았지만, 왠지 여기에서 말하면 안 될 것 같았다.

"효연아! 얼른 와서 국밥 날라라!"

주모의 새된 목소리가 부엌에서 흘러나왔다. 얼굴이 발개진 효연이가 잰걸음으로 부엌에 갔다. 진우도 서둘러 밥을 먹고 의암 선생을 따라 방으로 들어갔다. 선생의 옷가지를 정리하고 방에 주전자 물도 떠다 놓으니 의병들이 하나, 둘 방에 들어가는 소리가 났다. 진우가 주막 마당으로 나가자 효연이가 평상에 혼자 앉아 있었다.

"너 자작나무 숲 가 봤어?"

"자작나무 숲?"

"그래, 압록강에는 자작나무가 많아. 숲도 많고! 가 볼래?"

"그런데, 지금 나갔다 와도 돼?"

"응. 아주머니께 허락받았어."

자작나무 숲으로 가는 동안 어둠이 조금씩 따라왔다. 하늘은 붉은 노을로 불타올랐다. 숲에 다다르자 달이 둥실 떠오르는 것이 보였다. 달빛에 하얀 몸을 드러낸 자작나무들이 무성했다.

"자작나무 숲은 어두우면서도 참 밝구나!"
"응. 아마도 나무가 하얘서 그런 거 같아. 밤에 와도 그다지 어둡다는 느낌이 안 드는 게."
"왠지 대나무 숲 같은걸."
"그러게, 나도 여기 올 때마다 고향의 대숲을 생각했었는데. 키가 높은 자작나무가 대나무를 닮은 것 같아서."
"그런데 부모님은 어디 계신 거니?"

부모님 이야기에 잠시 입을 다물던 효연이 말을 했다.

"아버지는 이곳으로 오는 길에 사고로 돌아가셨어. 술을 마시고 다리에서 떨어지는 바람에. 여기 압록강까지 오게 될 줄은 몰랐어. 엄마랑 정치 없이 오다 보니까 여기더라. 아마 조만간 여기를 떠나 다른 곳으로 가게 될 것 같아. 어디로 갈지 아직은 모르지만."
"지금 어머니는 어디 계신데?"

"몸이 아파서 아랫마을에 계셔. 엄마 대신 내가 주막에 일하러 온 거고……."

이야기를 들을수록 진우의 가슴이 답답해져 왔다.

"효연아! 우리 돌탑 쌓을래?"

"돌탑?"

작은 돌탑이 숲 여기저기에 옹기종기 모여 있었다. 진우는 길고 넓적한 돌을 주워 주춧돌 놓듯 땅바닥에 놓는다.

"자, 이 위에 하나씩 쌓아 올리는 거야! 그때마다 마음속으로 소원을 빌면서!"

"좋아!"

효연이도 돌을 주워 왔다. 눈을 질끈 감고 마음속으로 웅얼웅얼 뭔가를 빌더니 넓적한 돌 위에 살짝 올려놓는다. 갸름하고 날씬하니 어쩐지 돌이 효연이와 닮았다고 진우는 생각했다.

"다음은 내 차례다!"

진우가 주워 온 돌은 울퉁불퉁하고 모난 돌이다. 돌을 돌 위에 조심스레 올려놓고 진우는 마음속으로 소원을 빌었다.

'효연이를 나중에 꼭 다시 만날 수 있게 해 주세요. 아,

104 소년 의병 김진우

고향에서요! 그리고 효연이 어머니도 얼른 병이 낫게 해 주세요! 앞으로 효연이가 꼭 행복하게 살게 해 주세요!'
진우의 기도가 끝나자 효연이가 숨을 꾹 참고 돌을 올려놓더니 웃는다.
"와, 성공이다!"
돌탑 앞에서 눈을 감고 두 손을 가지런히 모은 채 기도를 했다. 그런 효연이를 진우는 내내 바라보았다. 눈을 뜬 효연이가 진우의 시선과 부딪히자 얼굴이 홍시처럼 붉어졌다.
"무슨 소원을 그렇게 길게 빌었어?"
"비밀!"
새침하게 쏘아붙이는 효연이를 진우는 빙그레 웃으며 바라본다. 행복했다. 효연이와 함께 돌탑을 쌓는 지금, 이 순간이. 그런데 진우가 이번에 쌓으려는 돌은 지금까지 쌓아 올린 돌 중에서 제일 삐죽삐죽, 울퉁불퉁, 못생긴 돌이다.
"그 돌 못 올릴 것 같아. 바로 밑에 있는 돌도 삐죽한데, 그 돌 올리면 다 무너질 것 같아."
효연이가 걱정스러운 눈빛으로 못생긴 돌을 내려다보았다.

"아니야. 자, 볼래?"

진우는 돌탑을 이리저리 둘러보더니 천천히 돌을 돌 위에 올려놓았다. 무너질 것만 같은 모난 돌이 마치 자석에 철이 붙듯 척척 쌓아 올려졌다.

"진우, 너 이제 보니까 돌탑 쌓기 대장이구나!"

효연이의 칭찬에 진우는 왠지 어깨가 으쓱해진다.

"모나고 뾰족한 돌끼리는 더 잘 쌓아 올릴 수 있어. 사람들은 둥글고 넓적한 돌만 찾잖아. 하지만 울퉁불퉁한 돌 위에는 둥그런 돌보다 삐죽한 돌이 더 잘 올라가거든."

"그러게, 지금 보니 그러네! 참 신기하다!"

진우가 마지막으로 올려놓은 돌을 효연이는 오래도록 내려다보았다. 돌탑에 달빛이 비쳤다. 그러자 돌들이 환히 웃는 것처럼 보였다. 진우와 효연이는 올망졸망 쌓아 올린 작은 돌탑을 미소 지으며 함께 내려다보았다.

주막으로 돌아가는 길, 밤하늘에 박힌 별들이 쏟아질 것처럼 많다.

"오늘따라 별이 참 영롱하다. 이쁘네!"

효연이의 말에 진우도 하늘을 올려다보았다.

"그거 알아? 오늘 별이 유난히 빛나는 이유?"

"뭔데?"

"어두울수록 별이 더 잘 보여서 그렇대! 오늘 하늘이 특별히 더 까만가 봐. 그래서 어두울 때는 어두운 대로 그냥 가는 거래."

"누가 그러는데?"

"대나무 숲에서 만난 각설이 아저씨가!"

"각설이 아저씨?"

잠시 후 입가에 미소를 배어 문 효연이가 진우를 바라보며 말했다.

"각설이 아저씨 말을 잊어버리면 안 되겠네. 오늘 저 까만 하늘이랑 별도!"

"복죽 드시고들 가세요."

다음날 아침 짐을 챙겨 길을 떠나려는데 주모가 팥죽이 담긴 그릇을 내오며 의병들을 붙잡았다.

"복날 지난 지 언제인데, 팥죽을 먹으라고 하오?"

"복죽이 더위만 물리친답디까? 가는 길마다 액운을 떨어 주고 악귀를 물리치니 한 숟가락이라도 꼭 드시고 부디 잘 올라가셨으면 하는 마음에서 끓였어요. 작지만 간절한 저의 마음이오니 꼭 드시고 부디 만주에 무사히 도착하셔서 이 나라를 구하는 데 힘써 주세요!"

"주모 마음이 아주 갸륵하오! 우리 복죽 먹고 길을 떠납시다!"

의암 선생의 한마디에 모두 어깨에 멘 봇짐을 내려놓고 다시 평상에 앉았다. 갓 끓여낸 붉은 팥죽이 보글거리며 나무 쟁반 위에 담겨 왔다. 복죽을 한 숟가락 뜨고 진우는 재빨리 부엌으로 건너갔다.

"효연아! 나 이제 만주로 떠나!"

효연이는 설거지하다 말고 앞치마에 물기를 닦고는 진우에게 왔다.

"이거 선물이야. 내가 밤새 만들었어."

진우는 효연의 손에 대나무 피리를 쥐여 주었다.

"고향 대나무 숲에서

만난 각설이 아저씨가 그랬어. 피리 소리가 사람들을 이어 준다고. 멀리 떨어져 있어도 대나무 피리는 보고 싶은 사람들을 서로 이어 준다고 말이야."
효연이의 눈망울이 그렁그렁해졌다.
"잠시만 기다려 봐."
효연은 부엌 한구석에 있는 독에서 소금을 꺼내 주머니에 넣었다. 알록달록한 색동 주머니. 어렸을 때부터 효연이가 옷고름에 달고 다닌 주머니였다.
"만주에서는 소금이 아주 귀하대."
"소금이 꼭 자작나무처럼 하얗네!"
"그러게."
미소 짓는 진우와 효연이의 눈이 환하게 부딪혔다가 이내 먹먹해졌다.
"효연아! 너, 언젠가는 고향에 돌아올 거지?"
"응. 어제 돌탑 쌓을 때 그 소원도 빌었어."
"일본 놈들이 물러가면, 그때, 그때, 고향에서 꼭 다시 보자!"
"그래, 고향에서!"
만주로 떠나는 배가 있는

나루터로 의병들의 행렬은 길게 이어졌다. 진우는 점점 멀어지는 주막을 뒤돌아보았다. 효연이 모습이 점이 되어 사라질 때까지 자꾸만, 자꾸만 뒤돌아보았다.

벗에게 보내는 편지

영석이에게

영석아!

우리는 배를 타고 압록강을 건너 마침내 만주로 들어왔어. 압록강은 정말 눈이 시릴 정도로 푸르더라. 멀어지는 조선 땅을 보니 내가 만주에 가는 것이 점점 실감이 나더구나.

만주는 듣던 대로 아주 황량한 곳이야. 여기저기 황무지가 드넓게 펼쳐져 있단다. 그래도 우리가 온 서간도 통화현은 만주에서 그나마 비옥한 땅이래. 여기저기 농사를 지을 땅도 많이 있다고 하네. 그리고 많지는 않지만 우리 동포들도 이곳에 살고 있단다. 놀랍지? 머나먼 만주 땅에서 우리 동포를 만나다니! 난 상상도 못 했는데 말이야! 이곳에서 의병들이 새롭게 힘을 기를 수 있을 거야.

  만주는 조선과 참 다른 시간을 가졌어. 9월 중순만 되어도 벌써 서리가 내리는 걸 보면. 이곳은 봄과 가을이 물 찬 제비처럼 빠르게 지나간대. 그에 비해 겨울은 아주 긴 데다가 동장군도 깜짝 놀랄 만큼 춥다고 하더라.

  고향의 따스한 바람이 그리워.

만주에서
진우가

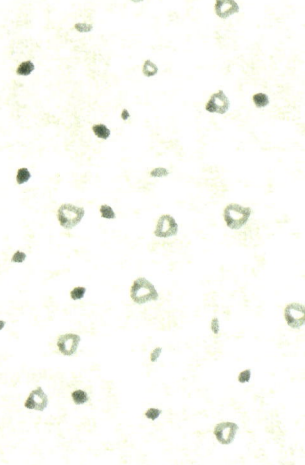

영석이에게

영석아!

잘 지내고 있니? 난 요즘 여섯 시면 기상 나팔 소리에 벌떡 일어난단다. 고향에 있을 때는 가끔 늦잠 자서 어머니에게 꾸중을 듣기도 했는데, 여기서는 상상도 못 해. 일어나자마자 옷을 입고 각반*을 두르고 검사장에 뛰어가야 돼. 그곳에서 인원 점검을 받고 나면 함께 운동장에 모여 아침 체조를 하지.

추운 겨울 아침에 밖에 나가는 게 처음에는 정말 고역이었어. 칼바람이 몸을 마구 찌르는 것 같아서 밖에 나가기 너무 싫었거든. 하지만 일단 나가서 체조를 하다 보면 땀이 송골송골 맺히지 뭐야. 입에서 입김이 폴폴 새어 나와 운동장에 꼭 수십 개 굴뚝이 모여 있는 것 같아서 웃음도 나왔어. 체조를 하고 밥을 먹으면 입맛도 더 좋아. 비록 고향에서 먹던 밥처럼 찰지고 윤나지 않는 좁쌀밥이긴 하지만.

---

*각반: 발목에서부터 무릎 아래까지 돌려 감거나 싸는 띠.

벗에게 보내는 편지　115

조금씩 키가 자라고 몸집이 단단해져 가는 느낌이 들어. 지금 내가 학교에서 받고 있는 군사훈련이 나중에 일본으로부터 나라를 구하는 데 작은 힘이 될 걸 생각하면, 힘들어도 꾹 참게 돼. 우리는 나중에 독립군이 되어 나라를 구하는 데 이바지할 수 있을 거야, 틀림없이.

그거 아니? 만주는 오래전에 우리 땅이었대. 부여와 고

구려, 발해의 옛 땅이 만주였다고 하니, 어쩌면 우리가 만주에 와서 독립운동을 한다는 게, 당연한 것인지도 모르지.

참, 만주에 와서 처음으로 고향 꿈을 꾸었어! 꿈에 대나무 숲이 나왔는데, 너랑 함께 대숲에서 뛰어놀고 있지 뭐야. 꿈에서 깬 뒤에도 한참 동안 행복했단다.

*초기 태극기는 지금의 태극기와는 모양이 달랐다. 당시 태극기를 그려 넣었다.

그런데 그날, 내가 만주로 떠나오던 날, 왜 나오지 않은 거야? 내가 대나무 밑에 놔두고 온 피리는 찾았는지도 궁금해. 영석아, 이 편지 받으면 소식 꼭 전해 줘!

만주에서
진우가

진우에게

진우야!
 네 편지를 받고 어찌나 기쁘던지! 편지를 받자마자 대나무 숲에 숨이 턱이 닿도록 달려갔어. 그곳에서 혼자 네 편지를 읽고 싶었거든. 미안해! 그날 너를 대나무 숲에서 배웅했어야 하는데, 새벽까지 눈 부릅뜨고 잠자지 않으려고 버티다가 깜빡 잠이 들었지 뭐야. 네가 대나무 밑에 두고 간 피리는 잘 찾아서 지금 내 주머니에 있단다.
 아침에 일어나서 얼마나 속상하고 미안하던지……. 너를 따라 나도 만주로 달려가고 싶었어.

네가 그립고 보고 싶을 때는 대숲에 가서 혼자 피리를 불어. 신기한 게, 피리를 불고 있으면 꼭 네가 옆에 있는 것 같아.
 그런데 말이야, 난 왜 네가 만주로 떠나 의병이 되겠다고 했을 때 그렇게 놀랐던 걸까? 생각해 보면 네가 하고 싶은 게 뭔지, 그전에도 얼마든지 알 수 있었던 건데. 언제

벗에게 보내는 편지

부턴가 네가 대나무 숲에서 놀다가 한숨을 쉬는 일이 많을 때부터 알아봤어야 했는데 미안할 뿐이야.

　너는 댓바람 소리를 듣고 있으면 누구나 행복한 세상이 그려진다고 했어. 대나무 숲 깊은 곳 너머엔 새로운 세상이 있을 것 같다고도 했지. 자양영당 갔다 온 뒤로 부쩍 그런 말을 많이 했는데, 내가 너무 눈치가 없었어.

　진우야! 만주에서 네가 무사하고 행복하게 지내길 바라. 만주는 너무도 먼 땅인데, 네가 있어서 그런지 왠지 낯익은 곳처럼 느껴진다. 소식 전해 줘!

고향에서
영석이가

영석이에게

영석아!

대나무 피리가 주인을 잘 찾아갔다니 기쁘다! 네가 피리를 불 때 내가 옆에 있는 것처럼 느껴진다고 했잖아. 사실 그 피리는 마법 피리야! 후후! 대나무로 피리를 만들 때 그런 소원을 빌었거든.

이 피리를 불면 보고 싶지만 멀리 떨어져 있는 사람들을 서로 이어질 수 있게 해 달라고. 아마도 내 소원이 이루어졌나 봐.

사실은 나도 숲에서 만난 각설이 아저씨에게 대나무 피리를 선물 받았거든. 각설이 아저씨는 누군가 보고 싶을 때 피리를 불라고 했어. 고향이 그리울 때, 어머니, 아버지가 보고 싶을 때, 또 너랑 뛰어놀던 대나무 숲이 생각날 때면 늘 피리를 분단다.

이곳은 대나무 숲이 없고 황량한 고원뿐이지만, 드넓은 지평선이 바라보이는 곳을 향해 피리를 불면 어디선가 짠, 네가 나타날 것 같은 기분이 들어.

멀리 떨어져 있지만 마음으로 이어져 있는, 그런 느낌? 한 사람, 한 사람이 이어져 많은 사람들을 이루고, 그 사람들이 우리나라를 일본의 지배에서 자유롭게 만드는 꿈을 날마다 꾼단다.

우리나라를 생각하면 금방 목이 메어 와. 일본놈들이 우리나라를 마치 제 나라인 양 설치고 다닌다는 소식을 들으면 울화통이 터져. 그런 날에는 훈련을 더욱 열심히 받아.

그리고 여기서도 가끔 대나무 그림을 그려. 작은 종이 쪼가리라도 생기고, 석탄 조각이라도 얻으면 틈날 때마다 대나무 그림을 그려. 훈련을 받다가 쉬는 시간이면 대나무 숲에서 그랬던 것처럼 땅바닥에 대나무를 그리곤 하지.

대나무 그림을 그리고 있으면 꼭 나를 위로해 주는 것 같아. 일본에 대한 분노가 치밀어 오를 땐 대나무 그림이 꼭 칼날처럼 날카롭게 반짝여. 참 이상하지? 그림이 꼭 내 마음을 대신 말해 주는 것 같거든.

대나무 숲에서 할아버지가 해 주셨던 이야기가 떠오르

곤 해. 대나무처럼 욕심을 비워야 높이 자란다고 했던, 그 이야기. 우리에게는 시간이 필요한지 몰라. 일본에 대항해서 나라를 다시 찾아올 힘!

만주에서
진우가

진우에게

진우야!

만주에서 씩씩하게 훈련을 받고 있을 네 모습을 그려 봤어. 나무 타기를 내게 제일 먼저 가르쳐 준 친구가 너였지. 뭐든 용기 있게 앞장서서 했던 진우가 그립구나.

생각할수록 너는 참 특별한 친구였어. 함께 장난을 치다가도 나무 위에서 먼 곳을 바라보며 언젠가 먼 곳에 가고 싶다고 말했던 기억이 나. 내가 나무에 오르는 걸 겁내 하니까, 나한테 그랬지.

"넌 할 수 있어!"

그 말이 내게 얼마나 힘이 되었는지 몰라. 대나무 숲에서 댓바람 소리에 내가 너를 부르는 줄 알고 귀를 쫑긋거렸던 너. 너는 여느 친구들 같지 않았지.

진우야! 이곳은 일본놈들이 점점 주인 행세를 하고 있어. 마치 우리나라가 제 나라인 것처럼 거드름을 피운단다. 그런 거 볼 때마다 어떻게든 해 보고 싶지만, 어쩐지 우리는 점점 힘이 없어지는 것 같아.

우리는 다시 주인이 될 수 있을까?
뭐든 잘 먹고 건강해야 돼! 알았지?

고향에서
영석이가

영석이에게

영석아!

어제는 내가 그린 대나무 그림이 종이를 뚫고 자라는 꿈을 꾸었어! 글쎄, 꿈속에서 대나무가 하늘을 뚫을 것처럼 높이 자랐단다. 우리 마을에 있던 대나무 숲에서 제일 키가 컸던 대나무와는 비교가 안 되게 컸어. 그리고 너무 신기하고 재미있었던 게 대나무가 쑥쑥 자라는 게 눈에 보이는 거 있지. 하늘 높은 곳, 그 끝이 안 보이는 곳까지 대나무가 자라고 있었던 거야.

그 대나무를 내가 타올라가고 있었어. 실제로는 미끈미끈 부드러운 대나무이지만 꿈에서는 대나무 마디가 마치 사다리처럼 튼튼하고 투박하게 걸쳐져 있지 뭐야? 난 사다리처럼 생긴 대나무 마디를 하나하나 밟고 올라갔어. 그렇게 높이 올라갔는데도 떨어질까 봐 무섭지는 않았지. 두 손으로 대나무를 단단히 붙잡고 있으면 아무 일도 일어나지 않을 것 같았거든.

제일 꼭대기에 올라가니까 저 멀리 우리 마을이 내려

다 보였어. 영석이 너와 뛰어놀던 대나무 숲이 눈에 들어왔지. 손을 뻗으면 금방이라도 만져질 것처럼 가깝게 느껴졌단다. 손을 뻗어 만지려고 하다가 중심을 잃고 대나무에서 떨어지고 말았어.

으악, 소리 지르고 깨어나니 합숙소 방이더라. 높은 데서 떨어지는 꿈을 꾸면 키가 큰다는데, 대나무처럼 아주 키가 클 모양이야. 후후.

또 편지 보낼게!

잘 지내렴!

만주에서

진우가

진우에게

진우야!

정말, 너다운 꿈을 꾸었구나! 똑같은 꿈을 꾸어도 나는 그걸 타고 높이 올라갈 생각은 못 했을 것 같아. 그냥 밑에서 구경만 해도 즐거울 것 같거든.

네가 대숲에서 꿈 이야기해 주었던 게 떠올라. 기억나니? 겨울에 말이야. 꿈에 네가 둥그런 방에 있었다고 했지. 그런데 그 방 천장에도 하늘을 향해 뚫린 둥그런 창이 하나 있었다고 했잖아. 너는 방에 앉아서 천장에 뚫린 창을 통해 하늘을 바라보았다고 했지.

갑자기 노란 나비가 창을 통해 날아 들어왔다고 했어. 또, 일어나 걸으니까 네 발 그림자에 그 하늘이 너를 따라다녔다고 했잖아. 바닥에 비친 하늘이 말이야. 그게 너무 신기해서 꿈에서 방을 빙빙 돌아다녔다고 말했던 게 기억이 나.

하늘도 우리 민족을 그렇게 굽어보시지 않을까? 지금 우리가 일본 지배 아래서 고통받는 걸 하늘도 다 내려다

보고 있을 것 같아. 언젠간 일본놈들에게 큰 벌을 내리시겠지.

　가끔 너같은 멋진 애랑 내가 어떻게 친구가 됐는지 정말 신기해. 우리는 정말 많이 다르잖아. 너의 다른 점이 나는 참 좋아!
　진우야!
　만주에서 건강하게 잘 지내야 돼!

고향에서
영석이가

영석이에게

영석아!

요즘 나는 아주 신 나! 무예 수업이 점점 많아지고 있거든. 오늘은 활쏘기를 배웠는데, 무예 선생님은 우리들에게 일본군과 맞서 싸우는 전투 현장에서 당황하지 않고 침착하게 싸우기 위해서는 우선 활쏘기를 연마해야 한다고 말씀하셨어.

활쏘기는 집중력을 기를 수 있는 최고의 무예거든. 우선 두 발을 편하게 벌리고 서서 숨을 한번 들이마시면서 활을 천천히 들어 올려. 그다음에는 숨을 느리게 내쉬면서 과녁을 응시한 뒤 화살을 떠나 보내면 돼.

처음에는 과녁을 잘 맞혀야겠다는 생각이 앞섰어. 그러자 마음이 조급해지고 손도 부들부들 떨려 오지 뭐야. 무예 선생님은 그냥 과녁의 중앙을 바라보라고 하셨어. 마치 그 과녁과 내가 하나가 된 것처럼 지그시 바라보기만 하랬지.

그 말을 듣고 과녁을 꼭 맞혀야겠다는 욕심을 버리고

과녁 중앙을 바라보았단다.

　과녁을 한참 바라보니까 나중에는 과녁의 점이 점점 크게 보이면서 마치 내가 그 점 속에 빨려 들어갈 것 같은 기분이 들지 뭐야. 그래서 과녁을 잘 맞혔냐고? 아니, 그 순간 꼬르륵 뱃속에서 소리가 나는 바람에! 하지만 활쏘기를 통해 고요한 마음을 배워 나가는 것 같아.

　나중에 과녁 중앙을 맞히면 꼭 이야기해 줄게.

　참! 대나무 숲은 요즘 어때? 한창 푸르르겠구나! 그 소식도 나중에 전해 줘!

만주에서
진우가

진우에게

와! 활쏘기, 너무 재미있겠는걸!

나는 요즘 혼자서도 대숲에 곧잘 가. 너무 시원해서 좋아! 네가 이야기해 준 것처럼 꼭 푸른 바람이 몸속에 쏙쏙 들어오는 것 같다니까. 네가 무예를 하나하나 배워 가는 모습을 보는 게 나도 참 신나고 즐거워. 나도 함께 활쏘기를 하는 기분이야.

나는 오늘 혼자 대숲에서 비석치기 놀이를 했어. 너 없이 혼자 하니까 너무 재미없더라. 마을에서 아이들이 죽마놀이를 하거나 자치기 놀이를 할 때도 뭔가가 하나 빠진 느낌이야. 다들 내색은 안 하지만 네가 만주로 떠나서 그런 거라는 걸 모두가 느껴. 아무도 그 사실을 입 밖에 꺼내지 않지만.

장에 가면 일본 물건들이 많이도 들어와 있어. 나막신이며 일본 다기 같은 게 오일장에 나와 있는 게 낯설고 너무 싫어. 어느새 일본은 점점 우리나라에 바짝 들어오고 있는 것 같아. 두려워. 또 이 생활에 익숙해질 까 봐 걱정도 되고.

고향에서
영석이가

영석이에게

영석아!
어제 역사 수업이 끝난 뒤에 모두 노래를 불렀어. 누가 먼저랄 것도 없이 모두가 한마음으로 불렀단다. 노래를 부를 때면 우리는 심장이 쿵쾅쿵쾅 뛰는 것을 느껴. 모두 벅차올라서 부르곤 하지. 우리나라가 독립이 되는 그날을 상

상하면서 노래를 부르다 보면 감동을 받아 어쩔 때는 슬쩍 눈물이 나오기도 한단다. 한번 들어 볼래?

칼춤 추고 말을 달려 몸을 단련하고
새로운 지식 높은 인격 정신을 길러
썩어지는 우리 민족 이끌어 내어
새 나라 세울 이 뉘뇨

우리 우리 배달 나라의
우리 우리 청년들이라
두 팔 들고 고함쳐서 노래하여라
자유의 깃발이 떴다*

노래 참 좋지? 언젠가 네 앞에서 이 노래를 불러 주고 싶구나.
그때까지 잘 지내렴!

만주에서
진우가

---

*신흥무관학교 교가를 빌려 썼다. 김진우가 만주에 머물던 시절에는 아직 설립 전이었으나 신흥무관학교의 기상을 기려 옮겨 보았다.

영석이에게

　만주에서 고향 소식을 듣고 있으면 울화통이 터져. 지금이라도 당장 가서 일본 관리들과 군인들을 모두 몰아내고 싶은 생각에 부르르 몸이 떨린단다. 하지만 아직 우리는 힘을 더 길러야 된대. 의암 선생님이 그렇게 말씀하셨거든. 원한을 품고 고통을 참으며 때가 오기를 기다릴 뿐이라고. 그래, 지금 우리는 때를 기다리고 있어. 그때 잘 싸우기 위해 지금 힘을 기르고 있는 거지.
　오늘 무예 선생님이 말씀하셨어. 사람마다 다 그 쓰임이 다르다고. 예로부터 전장에 나갈 때 키가 큰 병사들은 활을 쏘고 창을 잡게 했대. 키가 크면 팔도 길기 때문에 창을 찌를 때도 훨씬 멀리 던져 찌를 수 있기 때문이었지. 그에 반해 몸집이 작은 병사들에게는 주로 방패를 무기로 쓰게 했다는구나. 전투에서 방패를 쥔 병사는 빠르게 앉았다 일어서며 적의 공격을 맨 앞에서 막아 내야 하기 때문이래.
　그 이야기를 듣고 나는 독립 전투에서 어떻게 쓰일까,

벗에게 보내는 편지　137

생각해 보았어. 무예 선생님이 말씀하셨거든. 단지 전투 기술을 배우는 것이 중요한 게 아니라, 스스로를 알아 가는 것이 중요하다고 말이야. 무예 수업은 자신을 알아 가는 수업이기도 하대. 그리고 똑같은 동작을 반복하면서 몸과 마음이 하나가 되어야 한다고 하셨어. 그래야만 전장에서 적과 마주칠 때 주저하지 않고 공격할 수 있다고.

 충주성에서 싸우는 것을 옆에서 보아서 그런지, 실제 내가 전투에 직접 나간다고 생각하니까 마음에서 불끈 뜨거운 것이 치솟아. 또 어쩔 때는 내가 잘할 수 있을까, 걱정도 된단다.

 날이 점점 추워지는구나. 만주에는 겨울이 일찍 오는 것 같아.

 지난 추석 때는 마을 사람들이 모두 시루떡과 찰떡을 해 와서 훈련소 사람들이 정말 오랜만에 맛나게 먹고 놀았어. 함께 어울려 애국가도 불렀는데 다들 눈시울이 뜨거워졌어. 조선 이야기만 나와도 왜 그렇게들 우시는지 모르겠어. 머나먼 이국 땅에서 조국을 생각할 때마다 눈물이 나와. 고향에 있을 때는 알지 못했던 감정이야.

고향의 가을이 그리워. 너도 너무 보고 싶고! 고향에 가면 제일 먼저 대숲에 가서 너랑 비석치기를 할 거야. 아, 그전에 오일장 가서 맛난 떡이랑 엿도 잔뜩 사 먹을 거야. 그 생각하는 것만으로도 행복해지지 뭐야.
　잘 지내!
　또 편지 보낼게!

만주에서
진우가

진우에게

영석아!
 넌 잘할 수 있을 거야. 기억 안 나? 마을에서 죽마놀이도, 또 이웃 마을 아이들과 석전놀이할 때도 네가 제일 잘했던 거? 네가 늘 일등으로 뛰어 들어왔던 것도 난 생생히 떠올라. 진우, 너는 한번 승부를 걸면 꼭 이기는 것 같더라고. 그러니까 걱정할 필요는 전혀 없을 것 같아.
 그냥, 지금 하던 대로, 또 선생님이 가르쳐 준 대로 열심히 무예를 익히다 보면 독립 전쟁에서 잘 싸울 수 있을 거야.
 지금쯤 만주는 많이 춥겠구나! 조선보다 만주가 열 배는 춥다고 하니 상상은 잘 안 되지만 감기 걸리지 않도록 따뜻하게 껴입고 다녀!

고향에서
영석이가

140 소년 의병 김진우

영석이에게

만주의 추위는 정말 대단해! 3월이 되어도 봄이 오기는 커녕, 4월이 되어도 차가운 바람이 분단다. 그래서 만주 사람들은 "만주 날씨가 왜놈보다 더 독하다"고 말하는 건가 봐.

얼마 전 우리 마을에 살던 홍 씨 할아버지가 병에 걸려 그만 갑자기 돌아가시고 말았어. 겨울에 샘물이 마르면 눈을 녹여 마셨는데 그 물을 마시다가 그만 풍토병에 걸리셨지 뭐야. 지난해는 흉년이 들어서 병이 나고 아픈 사람들도 많았단다.

또 가끔 마적 떼가 마을에 내려와 공격을 할 때가 있는데, 그럴 때면 고향 생각이 더욱 난단다. 느티나무 아래에서 여름이면 동네 어른들이 장기판을 벌이곤 했던 풍경이 아스라하게 떠올라. 땅바닥에 줄을 긋고 고누*를 두던 우리 꼬맹이 시절도 기억나고 말이야.

---

*고누: 땅이나 종이 위에 말밭을 그려 놓고, 말을 많이 따려는 놀이.

사실은 얼마 전, 나도 한 달 동안 열병에 걸려 누워 있었어. 고향에서 보낸 여름이 얼마나 생각나던지. 여름이면 냇물에서 붕어와 미꾸라지 잡았던 기억, 잡으면 미끈하게 도망치던 미꾸라지의 감촉까지 생생했어. 잡은 붕어와 미꾸라지로 어머니가 끓여 주셨던 매운탕은 또 얼마나 맛나던지!

모두 모두 그리워. 부모님도 보고 싶고, 영석이 너도 보고 싶고!
아. 고향에 너무도 가고 싶구나!

만주에서
진우가

진우에게

진우야!

　네가 한동안 아팠다니 마음이 정말 아파. 집을 떠나 몸이 아픈 것만큼 서러운 게 없다는데. 너를 위해 날마다 기도할게. 건강하고, 무사히 훈련 잘 받아서 고향에 돌아올 수 있기를 말이야.

　고향이 그립고 가족과 친구들이 보고 싶을 때면 대나무 그림을 그리렴. 아, 대나무 피리도 불어! 대나무 피리가 보고 싶은 사람들을 이어 준다고 네가 그랬잖아. 네가 보고 싶을 때면 대숲에 가서 대나무 피리를 분단다. 그럴 때면 꼭 네가 내 옆에 앉아 있는 것 같거든.

　대나무는 나에게 너랑 똑같아. 멀리 있지만 마음을 다시 굳세게 세우는 소중한 친구, 대나무. 진우야! 힘들 때면 고향의 대숲을 꼭 생각하렴! 알았지?

　　　　　　　　　　　　　　　　　　　고향에서
　　　　　　　　　　　　　　　　　　　영석이가

영석이에게

영석아!

그래, 힘들 때마다 대숲을 생각하면 나도 모르게 힘이 나. 대숲에서 불어오는 편안하고 푸른 바람이 느껴지고 말이야.

얼마 전부터 무예 수업에서 도검술을 배우기 시작했는데 도검을 쌩쌩 움직일 때마다 나는 소리도 꼭 댓바람 소리 같더라고. 처음에는 도검을 만지는 것조차 낯설었는데, 지금은 도검을 쥐고 몸을 이리저리 움직이고 있으니, 내가 봐도 참 신기해. 처음에는 마치 무사라도 된 것 같아 신났지.

무예 선생님은 도검이 움직일 때 몸이 그 과정을 이해해야 한다고 하셨어. 무슨 말인지 처음에는 어렵고 이해하지도 못했는데, 시간이 갈수록 점점 이해가 되지 뭐야! 그것은 공격하려는 적만 바라보지 말라는 이야기였던 거야. 도검이 올라가고 내려갈 때, 혹은 정면을 찌를 때처럼, 도검이 움직이는 모든 것, 도검의 여행길에 동행하라고 하셨어. 적만 바라보고 도검을 마구 휘두르다가는 자칫 내 발등에 칼을 꽂을 수도 있다고 이야기하셔서 웃음이 터져 나오기도 했단다.

　도검이 어떻게 움직이는지 내 몸이 이해하게 되면 점점 하나가 되어 갈 수 있어. 그래서 전장에 나가서도 당황하지 않고 유성이 나타나듯, 적이 방심한 틈을 타서 재빠르게 공격을 할 수 있는 힘을 기를 수 있다지.

　오래전 마을에 유성이 나타났을 때, 그때 나가서 밤하늘 보았던 거 기억나지? 불화살처럼 쏜살같이 나타나 화포처럼 큰 소리를 내던 유성 말이야. 언젠가, 나도 유성처럼 전장을 누비며 나라를 위해 싸울 거야. 힘든 거, 꾹 참고 해낼 수 있는 힘이 생긴 것 같아. 영석이 너에게도 유성 같은 힘을 보내 주고 싶구나.

　잘 지내!

만주에서

진우가

영석이에게

영석아!

오늘 무예 수업 때 선생님에게 들은 말인데, 무예는 그냥 힘을 쓰는 것이 아니래. 마치 내 몸이 노래를 부르는 것과 같대. 몸이 어떻게 노래를 부르지? 무예 선생님의 말을 드는 순간 웃음이 픽 나왔지만, 도검술 연습을 계속 하다 보면 선생님 말이 정말 맞는 것 같아. 같은 동작을 계속 반복하다 보니까, 마치 똑같은 노래를 계속 부를 때와 비슷하단 생각이 들었어.

어느 순간 머릿속에서 생각하지 않아도 몸이 먼저 그 동작을 하고 있더라고, 자연스럽게. 그럴 때는 내가 꼭 대숲에서 만났던 노란 나비가 된 기분이야. 햇살에 날개를 반짝이며 가볍고 자유롭게 이리저리 날던 나비 말이야. 꿈에서도 나비 만났다고 했는데, 지금 생각해 보니까 꿈에 만난 나비가 대숲에서 만났던 나비랑 똑같네!

무예 수업을 하고 있을 때면 마음 깊은 곳이 확 뚫리면서 자유로워지는 기분도 들어서 즐거워진단다. 나비처럼

벗에게 보내는 편지

훨훨 날아서 금방이라도 고향 대나무 숲, 너에게 갈 것 같은 기분마저 든다니까. 나중에 만나면 너에게도 가르쳐 주고 싶어! 그래서 너를 괴롭히는 녀석들이 나타나면 한번 본때를 보여 주는 거야. 물론, 때리지는 말고 그냥 동작만 보여 줘도 놀라서 달아날걸! 생각만 해도 신난다.

                                      만주에서
                                      진우가

영석이에게

영석아!

내가 만주로 온 지도 벌써 여러 해가 흘렀어. 오늘은 좀 슬프네.

시간은 흐르고 우리가 여전히 일본의 지배하에 있다는 게 답답하고 원통해. 죽기 전에 꼭 우리나라가 독립하는 걸 볼 수 있겠지?

마음이 약해질 때면 피리를 불어. 꿈에서도 피리를 분 적이 있어. 피리리리~ 피리를 부니까 흰옷 입은 사람들이 하나, 둘 모여드는 게 아니겠어! 그 많은 사람들 중에 영석이 너도 있고, 우리 어머니도 있고, 아버지도 있었어. 효연이도 있었고.

그런데 요즘은 왜 편지를 안 보내는 거니? 무슨 일이 있는 거니? 답답하고 걱정스럽구나. 세월이 많이 흐른 뒤 우리가 어른이 되어서 만나면 서로를 알아볼 수 있을까?

나, 요즘에 새로운 꿈이 하나 생겼는데, 대나무 그림을

벗에게 보내는 편지 149

그리는 화가가 되기로 했어. 그래서 나중에 한양에서 멋진 전시회도 열고 싶어.

　전시회 열면 영석이 너도 와 줄 거지? 그때 내가 너에게

선물해 준 피리를 불어 주렴. 그러면 널 금세 알아볼 수 있을 거야.

만주에서
진우가

에필로그

"승호 말이 맞네! 정말이지 대나무가 살아 움직이는 것 같구나!"

"그렇죠, 엄마? 이파리도 좀 보세요! 꼭 꿈틀꿈틀 움직이는 것 같아요!"

"그러게 말이야!"

막힘없이 곧게 뻗은 줄기와 칼날처럼 서늘한 댓잎들, 묵죽화 속의 대나무는 정말 금방이라도 살아날 것 같았다. 묵죽화를 보러 전시장에 온 아이와 어머니는 한동안 대나무 그림을 들여다보더니 전시장을 나갔다.

그 모습을 바라보는 김진우의 얼굴에 슬픔이 어린 미소가 스쳐 지나갔다. 그때 어디선가 피리리리, 대나무 피리 소리가 들리는 것 같았다.

어디서 나는 소리일까? 소리 나는 곳을 따라가니 전시장 후문께 있는 소나무 숲에서 한 남자가 피리를 불고 있다. 허름한 옷차림을 한 남자는 어쩐지 낯이 많이 익은 얼굴이다.

'어디서 봤을까?'

그때 그 남자의 입에서 노래가 흘러나왔다.

우리는 길 위에 서 있네~
우리 자유를 위하여~
아직도 가야 할 길은 멀었네!
흰옷들이여 모여라!

남자는 김진우를 향해 미소지으며 반갑게 손을 흔들더니 이내 홀연히 사라져 버렸다. 그리고 남자가 사라진 숲 속으로 길 하나가 오롯이 나타나더니, 푸른 대나무 숲이 펼쳐진다!

숲 한구석에 웅크리며 앉아 있는 두 소년이 보였다. 두 아이는 땅바닥에 나뭇가지로 쓱쓱 그려 낸 그림을 골똘히 내려다보고 있다. 아! 그것은 뾰족하게 솟은 댓잎이 춤을

에필로그 153

추는 대나무 그림이었다.

그때 땅바닥을 내려다보던 소년이 고개를 들어 말한다.

"진우야! 네가 그린 대나무 그림이 꼭 살아서 꿈틀대는 것 같아."

김진우의 얼굴에 맑은 눈물이 흘러내렸다. 오래 전 그때처럼, 뭔가 든든한 뱃심이 하나 생긴 기분이 들었다. 지금 가진 것은 아무것도 없지만, 뭔가 커다란 힘이 모락모락 마음속에서 피어오르는 소리가 들렸다. 아주 가까이에서.

작가의 말

우리 마음 가까이의 대나무 숲

《소년 의병 김진우》를 쓰며 내 안에 있는 열두 살의 아이에게 내내 질문을 던졌다. 김진우가 의병이 될 수 있었던 힘은 과연 무엇이었을까? 소년 김진우는 어떻게 머나먼 만주 땅까지 갈 수 있었을까? 또 어린 소년이 감내해야 했던 삶의 무게는 얼마나 힘들고 무거웠을까?

김진우가 그림을 그리는 묵죽화가라는 점이 풀리지 않는 퍼즐의 한 공간을 채워 나갔다. 평생에 걸쳐 항일 운동을 했던 독립투사라는 모습 이면에, 세상에 대한 연민을 지닌 섬세한 예술가의 영혼을 갖고 있는 김진우가 눈에 들어왔다. 어린 나이에 일제의 만행에 분노하고, 고통 받는 우리 민족의 현실에 아파했던 김진우가 그제야 이해되었다. 물론 그 어린 나이에 의병이 되어 나라를 구하겠다고 만주로 떠난 것은, 여전히 경이롭지만!

　만주에서 다시 고국으로 돌아와 항일 정신을 담아낸 대나무 그림으로 세상의 인정을 받지만 이후 감옥에서 모진 고문을 당하고 짧은 삶을 마친 김진우. 훗날 김진우의 대나무 그림은 "서릿발처럼 예리해서 무엇이라도 돌파할 수 있는 위력을 지니고 있다."는 평가를 받는다. 그렇다. 김진우의 삶과 그림은 동떨어진 세계가 아니었다. 그는 평생에 걸쳐 항일 독립운동을 하면서 독립의 꿈을, 사군자 중에서도 특히 대나무 그림으로 단단하게 다져 나갔던 것이다.

　1883년 충청도 충주에서 태어나 열두 살에 항일 의병장인 유인석을 따라 의병이 되었고 곧 만주로 떠난 김진우에 대한 역사 자료는 그러나 안타깝게도 많이 남아 있지 않다. 더구나 어린 시절 자료는 전무한 편이다. 어쩔 수 없이 드문드문 남아 있는 김진우의 발자취를 따라 상상력의 살을 붙일 수밖에 없었다. 어린 시절 고향 친구들, 대나무 숲, 장터에서 만난 각설이 아저씨 등, 상상의 날개를 펼치다 보니 소년 김진우는 어느새 내 옆에 더 가까이 다가왔다.

그를 의병의 길로 이끌어 준 의암 유인석은 조선 후기에 항일 의병 운동을 일으킨 선비로 유명하다. 유인석은 1895년 자양영당에서 강회를 열어 의병 운동을 일으킬 것을 주장했고, 제천 의병을 이끌어 충주성에 입성하여 친일 행적을 한 관찰사 김규식을 처단했다. 그러나 이어진 전투에서 패배하여 이백여 명의 의병들을 이끌고 만주로 가서 다시 의병 운동을 일으킬 결의를 다지게 된다. 김진우는 의암이 죽고 나서 조선에 돌아온 것으로 전해진다.

이러한 역사적인 행적에 기대어 의암을 따라 만주에 간 김진우가 독립군이 되어 훈련을 받는 이야기도 만들어 낼 수가 있었다. 실제로 1911년 독립운동단체인 〈신민회〉에서 만주 서간도 지역에 군사교육을 중점으로 한 교육 기관인 〈신흥강습소〉를 설치했고, 이후 〈신흥강습소〉는 〈신흥무관학교〉로 개편되어 독립군을 길러 내는 중요한 터전이 되었다.

여전히 잘못을 인정하지 않고 있는 일본은 자신들로 인해 피해 입고 고통 받은 나라와 민족들에게 오히려 책임 전가를 하며 역사를 왜곡하고 있다. 더구나 최근에는 우리나라에 대해 경제적인 도발이라는 파렴치한 행태까지 보여 주고 있는데, 같은 전범 국가인 독일이 기회가 있을 때마다 주변 국가들에 사과하고 반성하는 모습과는 참으로 대조적인 모습이 아닐 수 없다.

《소년 의병 김진우》를 통해 나는 우리 민족에게 독립이 아직 끝나지 않았다는 것을 이야기하고 싶었다. 소년 의병 김진우의 결심과 행동처럼, 나라의 독립을 생각하는 애국이 남녀노소 상관없이 생활 속에서 작은 것이라도 결단하고 실천하는 것이란 걸, 전하고 싶었다. 그런 점에서 최근 일어난 일본 상품 불매운동은 우리가 생활 속에서 실천할 수 있는 독립운동이라고 생각한다. 어쩌면 독립은, 소년 의병 김진우가 고통 받는 이웃들의 삶에 마음 아파했던 것처럼, 궁극적으로는 우리 안에 있는 '사람됨'을 일깨우는 일이라는 걸 말하고 싶었는지도 모르겠다.

이 책의 초고는 2017년 가을 원주 토지문화관에 머물며 썼다. 그때 머물던 방 가까이 박경리 선생께서 생전에 거처하셨던 집이 있었는데, 글 쓰다 지칠 때면 응원해 주시는 선생님의 시선이 따스하게 느껴지는 것 같아 힘이 났다. 감사한 마음을 전해 드리고 싶다.

또 책이 세상에 나올 수 있도록 애써 주신 웃는돌고래 출판사와 김은주 편집장에게도 감사드린다.

김진우가 머나먼 만주로 떠나 오래도록 길 위에서 지냈던 것처럼, 《소년 의병 김진우》는 참 먼 길을 돌아 이제 세상으로 나간다. 부디 이 책이 독자들의 마음에 가까이 다가가 대나무 숲처럼 커다랗게 자라나길 바란다.

2019년 9월
윤정선

소년 의병 김진우

첫 번째 찍은 날 | 2019년 10월 17일

글 윤정선 | 그림 김도아
펴낸이 이명희 | 펴낸곳 도서출판 이후 | 편집 김은주
표지 및 본문 디자인 | (주)끄레 어소시에이츠

글 ⓒ 윤정선, 2019
그림 ⓒ 김도아, 2019

등록 | 1998. 2. 18.(제13-828호)
주소 | 10449 경기도 고양시 일산동구 호수로 358-25(동문타워 2차) 1004호
전화 | (영업) 031-908-5588 (편집) 031-908-1357 팩스 02-6020-9500
이메일 | smallnuri@gmail.com
블로그 | blog.naver.com/dolphinbook
페이스북 | facebook.com/smilingdolphinbook

ISBN | 978-89-97715-68-8 73810

이 도서의 국립중앙도서관 출판예정도서목록(CIP)은 서지정보유통지원시스템 홈페이지
(http://seoji.nl.go.kr)와 국가자료공동목록시스템(http://www.nl.go.kr/kolisnet)에서
이용하실 수 있습니다. (CIP제어번호: CIP2019035710)

이 책은 저작권법에 의해 보호를 받는 저작물이므로 무단 전재와 복제를 금합니다.

이 도서는 한국출판문화산업진흥원의 '2019년 출판콘텐츠 창작 지원 사업'의 일환으로
국민체육진흥기금을 지원받아 제작되었습니다.

꽃의 걸음걸이로, 어린이와 함께 자라는 웃는돌고래
웃는돌고래는 〈도서출판 이후〉의 어린이책 전문 브랜드입니다.

어린이제품안전특별법에 의한 제품 표시

제조자명 도서출판 이후 | 주소 경기도 고양시 일산동구 호수로 358-25(동문타워 2차) 1004호
전화번호 031-908-5588 | 제조년월 2019년 10월 | 제조국 대한민국 | 사용연령 만 10세 이상